V&R

MEINER FRAU

HANS-CHRISTOPH PIPER

Gesprächsanalysen

Höret doch meiner Rede zu
und laßt mir das eure Tröstung sein!
Hiob

Fünfte Auflage

VANDENHOECK & RUPRECHT
IN GÖTTINGEN

CIP-Titelaufnahme der Deutschen Bibliothek

Piper, Hans-Christoph:
Gesprächsanalysen / Hans-Christoph Piper. – 5. Aufl. –
Göttingen : Vandenhoeck u. Ruprecht, 1988
ISBN 3-525-62157-4

5. Auflage 1988

Gesetzt aus Sabon auf Linotron 202 System 4
Satz und Druck: Gulde-Druck GmbH, Tübingen
Bindearbeit: Hubert & Co., Göttingen

Vorwort

Der erste Anstoß, Gesprächsanalysen aus der Arbeit der klinischen Seelsorgeausbildung (Clinical Pastoral Education) zusammenzustellen und einem weiteren Interessentenkreis zugänglich zu machen, stammt von Professor Dr. Seward Hiltner (Princeton), der mich in einem Gespräch darauf hinwies, daß wir auf die Dauer nicht mit Material, das aus anderen Sprachen übersetzt werden muß, auskommen können. Aber erst Anfragen von den verschiedensten Seiten, nicht zuletzt aus dem Bereich unserer theologischen Fakultäten, nach Lehr- und Lernmaterial für das seelsorgerliche Gespräch, haben mich veranlaßt, den Anstoß in die Tat umzusetzen.

Die erste Gesprächsanalyse ist der Zeitschrift „Die Innere Mission" 1972, S. 13 f. entnommen. Die letzte findet sich auch in der Informationsschrift „Klinische Seelsorge-Ausbildung" (Berliner Hefte für evangelische Krankenseelsorge Nr. 30, Berlin ²1973). Da beide Beiträge einige weiterführende Gedanken enthalten, umrahmen sie die übrigen Gesprächsanalysen in diesem Buch.

Ohne die engagierte Arbeit der Gruppen, aus denen die Gesprächsprotokolle stammen und in denen sie besprochen wurden, wäre diese Sammlung undenkbar. Danken möchte ich an dieser Stelle auch meinen beiden Kollegen und Mitarbeitern im Klinikpfarramt der Medizinischen Hochschule Hannover, Erika Ostermann und Hugo Zabel, die das Manuskript kritisch durchgelesen haben. Sie haben überdies einen entscheidenden Anteil am Aufbau unseres Zentrums für Klinische Seelsorgeausbildung.

Die kritische und helfende Begleitung meiner Frau hat sich in meiner Arbeit mehr niedergeschlagen, als daß ich dies Außenstehenden im einzelnen nachweisen könnte. Ihr sei darum dies Buch gewidmet.

Hannover, im Januar 1973   Hans-Christoph Piper

Vorwort zur 2. Auflage

Der zweiten Auflage dieses Buches gebe ich gern eine Anregung mit, die ich aus verschiedenen Gruppen bekommen habe, in denen die Gesprächsanalysen als Arbeitsmaterial gedient haben. Die Gruppen haben sich zunächst nur mit den Protokollen beschäftigt und herauszuarbeiten versucht, was sie von dem Anliegen des jeweiligen Gesprächspartners verstanden. Die Kommentare haben sie dann im Nachhinein als Kontrolle benutzt.

Ich habe dieser Auflage zwei weitere Gesprächsanalysen hinzugefügt, ein *„Gespräch vor einer Ladentür"* und ein *Beratungsgespräch aus der Telefonseelsorge*. Da in der Telefonseelsorge die Vertraulichkeit der Gespräche besonders streng gewahrt wird, habe ich dafür das Gespräch eines ausländischen Gruppenteilnehmers ausgesucht; es ist also ursprünglich in einer anderen Sprache geführt worden.

Schließlich möchte ich dem Buch noch einige Zeilen eines Briefes, der mich erreichte, mit auf den Weg geben. Der Schreiber leidet an einer chronischen Erkrankung. Die Zeilen lauten: „Besuch bekomme ich kaum. Selbst der Pastor hat noch nicht vorbeigeschaut. Wenn dann doch mal jemand kommt, dann, um zu reden, und nicht, um zuzuhören. Oder auch, um meinen Zustand zu zerfasern und eventuell zu kritisieren . . ."

Hannover, im Mai 1975   Hans-Christoph Piper

Inhalt

Vorwort 5

Vorwort zur 2. Auflage 6

Einführung 9

1. Ein Gespräch über den Gartenzaun 12
   Wie ist das, wenn ich mal plötzlich Hilfe brauche?

2. Gespräch mit einem aus der Kirche Ausgetretenen 19
   Es ist feierlicher, wenn die Trauung in der Kirche ist

3. Eine Taufanmeldung 25
   Eigentlich sollte man das Kind frei entscheiden lassen

4. Ein Trauerbesuch 31
   Sie werden ihn alle am Grabe loben

5. Ein Geburtstagsbesuch 38
   Wir haben jetzt gar keinen Frühling mehr

6. Gespräche mit einer Abweisenden 46
   Ich möchte keinen Besuch

7. Gespräch in einem Erholungsheim 53
   Ich habe zwei Wellensittiche, aber die sprechen nicht

8. Der Seelsorger zwischen zwei Stühlen 57
   Sie sagen, ich bin nicht brav gewesen

9. Ein Gespräch mit Sterbenden 63
   Der Arzt hat mir gesagt, was mit mir los ist

10. Ein Gespräch vor der Operation 70
    Vielleicht gehe ich nach Spanien

11. Ein Gespräch zwischen Tür und Angel 76
     Unkraut vergeht nicht

12. Ein Beratungsgespräch 81
     . . . aber was soll ich denn tun?

13. Gespräch in einem Gefängnis 86
     Ich will einmal wissen, warum ich immer solche Sachen mache

14. Gespräch mit einer psychisch Kranken 92
     Das können Sie gar nicht begreifen, Herr Pastor

15. Gespräch vor einer Ladentür 96
     Es geht Frau M. ganz, ganz schlecht!

16. Ein Gespräch aus der Telefonseelsorge 101
     Wegen des Sohnes haben wir immer Streit

17. Das Problem der Angst 108
     Ich muß nochmal unters Messer

Folgerungen 117

Einführung

Die hier zusammengestellten und kommentierten Gesprächsprotokolle sind alle im Zusammenhang der klinischen Seelsorgeausbildung (Clinical Pastoral Training) entstanden. Einige von ihnen wurden während eines langen Trainings in einem Krankenhaus angefertigt, andere brachten die Teilnehmer an einem Gesprächspraktikum aus ihrem Arbeitsbereich mit, ein einzelnes wurde von einem ehemaligen Trainingsteilnehmer zur persönlichen Supervision vorgelegt. Auf diese Weise haben sich Protokolle aus den verschiedensten Bereichen zusammengefunden. Sie stammen von evangelischen und katholischen Seelsorgern, von Pastorinnen, Gemeindehelferinnen und Hausfrauen. Auch eine Heimleiterin und eine Sozialarbeiterin sind darunter.

Es handelt sich ausschließlich um Gedächtnisprotokolle. Der Gesprächsverlauf ist nachträglich aus der Erinnerung so wörtlich wie möglich aufgezeichnet worden. Das hat den Nachteil, daß sie nicht objektiv im Sinne einer Tonbandaufzeichnung sind. Sie sind subjektiv gefärbt. Aber gerade dies ist die Absicht des Gedächtnisprotokolls. Das wichtigste Stück Arbeit für die Gesprächsanalyse hat nämlich der Protokollant zu leisten. Während er versucht, sich der gesprochenen Worte zu erinnern, steigen zugleich Beobachtungen am anderen und an sich selbst ins Bewußtsein, die ihm während des Gesprächs selber „entgangen" waren. Er hört in der Erinnerung plötzlich Zwischentöne in den gesprochenen Worten und wird eigener Gefühlsreaktionen gewahr. Das heißt: die Arbeit des Sich-Erinnerns fördert einen Teil des nicht-verbalen Materials zutage, das für das Verständnis des Gesprächs mindestens ebenso wichtig ist wie die gesprochenen Worte. Der Leser, der noch keine Erfahrungen mit der klinischen Seelsorgeausbildung hat, tut gut daran, selber für sich wenigstens ein solches Gedächtnisprotokoll aufzuschreiben, um diese Erfahrung persönlich zu machen. Er wird dann die vorgelegten Protokolle und deren Kommentierung mit größerem Gewinn lesen.

Alle Protokolle (mit einer Ausnahme) sind in eine Gruppe von sieben bis neun Teilnehmern eingebracht worden. Die Gruppe ist für das Erarbeiten einer Gesprächsanalyse unentbehrlich. Die Mitglieder leihen dem Protokollanten (und durch ihn hindurch seinem Gesprächspartner)

ihr Ohr. Sie helfen ihm zum Verstehen seiner selbst und seines Gegen-
übers. Die Verschiedenheit des Hörens der einzelnen Gruppenmitglieder
öffnet neue Perspektiven, neue Verstehensmöglichkeiten. Der Protokollant wägt ab, stimmt zu oder lehnt ab, wenn er einen Vorschlag nicht zu
verifizieren vermag. Das Ganze ist ein sehr intensiver Arbeitsvorgang.
Die Besprechung eines Protokolls zieht sich sehr oft in den dafür vor-
gesehenen Stunden eines Trainings über mehrere Tage hin. Das in diesem Band zusammengebrachte Material würde etwa für ein dreimonati-
ges Training ausreichend sein. Was den Protokollen an Kommentar hinzugefügt ist, muß als äußerst knappe Zusammenfassung der Ergebnisse
dieser Besprechungen verstanden werden. Der so mühsam wie fruchtbare
Weg zum Verstehen kann auf schriftlichem Wege nicht vermittelt werden.

Folgende Gesichtspunkte spielen bei der Arbeit an einem Protokoll eine
Rolle[1]: Hat der Seelsorger seinen Gesprächspartner wirklich verstanden?
Und umgekehrt: hat dieser jenen verstehen können? Welche Gefühle
sind (auf beiden Seiten) mit und in den Worten geäußert worden? Wie
verläuft der Kommunikationsprozeß in dem Gespräch? Welche Hinder-
nisse blockieren (auf beiden Seiten) die Kommunikation? Hat der Seelsorger die richtige Mitte zwischen Nähe und Distanz zu seinem Gesprächspartner eingehalten? Was für eine Rolle hat er selber in dem
Gespräch gespielt? Ist er seiner Rolle treu geblieben, oder ist er aus seiner
Rolle gefallen? Was sind die psychologischen und welches die theologischen Implikationen des Gesprächs? Welche Fehler seitens des Seelsorgers
sind typisch für ihn und weisen auf eine in ihm selber verborgene Problematik hin?

Es ist deutlich, daß auf diese Weise eine Gesprächsanalyse auf ein seelsorgerliches Gespräch mit dem Protokollanten hinauslaufen kann. Auch
dieser Teil der Arbeit muß dem Leser naturgemäß vorenthalten bleiben.
Ein Problem, das im Zusammenhang der gemeinsamen Arbeit an Gesprächsprotokollen auftaucht, ist die Frage nach der Vertraulichkeit seel-
sorgerlicher Gespräche. Dies Problem kann erst recht nicht bei einer
Veröffentlichung von Protokollen übergangen werden[2]. Dazu ist zu sagen, daß ausgesprochene Beichtgespräche nicht protokolliert werden und
auf diese Weise vor jeglicher Art von Veröffentlichung geschützt sind.

---

[1] Vgl. dazu auch W. Zijlstra, Seelsorge-Training, München—Mainz 1971, S. 33 ff.
und ders., Ein seelsorgerliches Gespräch im Krankenhaus, in: Wege zum Menschen,
24. Jahrg. 1972, S. 209 ff.
[2] Vgl. dazu neuerdings A. Stein, Hat die Schweigepflicht des Seelsorgers Grenzen?
in: WPKG 61/1972, 375—388, 454—463.

Abgesehen davon, daß die Gespräche durch ihre Protokollierung *aus dem Gedächtnis* bereits eine Verfremdung erfahren haben, sind alle konkreten Angaben entweder aus ihnen getilgt oder aber durch andere ausgetauscht worden. So ist jegliche Art von Identifizierung ausgeschlossen. Die Protokollanten haben ihre Zustimmung zur Veröffentlichung ihrer Gespräche gegeben.

Der Leser wird sehr schnell bemerken, daß er hier keine Idealgespräche vor sich hat. Es ist nicht die Absicht dieses Buches, Musterbeispiele für das seelsorgerliche Gespräch zu präsentieren. Im Gegenteil. Die Kursteilnehmer waren ausdrücklich aufgefordert worden, Gespräche, die ihnen selber problematisch erschienen, zu protokollieren und vorzulegen. An ihnen ist am meisten zu lernen. Und zwar werden auf diese Weise die Gesprächspartner zu unseren Lehrern. Sie zeigen uns unsere Fehler auf. Und sie weisen uns den Weg, auf dem unsere Seelsorge zu ihrem Ziel kommen kann.

Ein Gespräch über den Gartenzaun

Das Gespräch, das im folgenden wiedergegeben wird, findet an einem Ostersonntag statt. Gesprächspartner sind eine Gemeindehelferin und eine 78jährige Frau. Beide sind einander flüchtig bekannt. Der Heimweg von der Kirche führt die Gemeindehelferin an dem Garten von Frau Z. vorbei. Frau Z. befindet sich im Garten. Als sie die Gemeindehelferin erblickt, geht sie auf sie zu. Nach kurzer Begrüßung kommt es zu folgendem Gespräch:

Z 1: Wie ist das eigentlich, wenn man mal eine Pflegerin braucht? Ich gehe ja jetzt ins 79. Jahr, und neulich lag ich auch vierzehn Tage.

G 1: Es geht Ihnen nicht gut?

Z 2: Nun ja, Sie wissen ja, meine Beine. Und dann kann man ja auch nicht wissen, ob man nicht doch plötzlich mal jemanden braucht.

G 2: Da sagen Sie mir doch bitte Bescheid, und ich bespreche das dann mit der Gemeindeschwester oder mit Fräulein N. von der Inneren Mission, die hat viele Pflegerinnen.

Z 3: Ja, das ist gut. — Am schönsten wäre es ja, wenn man einfach mal nicht mehr aufwacht, als nachher so auf andere Leute angewiesen zu sein. — Wissen Sie, ich — ich mag gar nicht mehr da sein. Es wäre schön, wenn man einfach so gehen könnte. Ich habe mein Leben gehabt, es war auch sehr schön. Aber jetzt ist es langweilig, und es geht mir auch nicht mehr gut.

G 3: Das ist doch eigentlich etwas sehr Schönes, wenn man von seinem Leben sagen kann: es war sehr schön — ich habe alles gehabt.

Z 4: (zögernd): Ja, wir haben es immer gut gehabt. Aber jetzt weiß ich ja Bescheid. Das ist gut. Ich wünsche Ihnen noch schöne Ostertage.

G 4: Danke. Das wünsche ich Ihnen auch. Auf Wiedersehen.

Auf den ersten Blick gesehen, ist das Gespräch zu einem zufriedenstellenden Abschluß gekommen. Eine konkrete Anfrage ist mit einem Ratschlag beantwortet worden, und Frau Z. scheint damit auch befriedigt: „Jetzt weiß ich ja Bescheid. Das ist gut." Darüber hinaus ist die Frau auf das Schöne und Erfüllte in ihrem Leben angesprochen worden, damit sie nicht nur das Negative sieht, und auch das scheint Erfolg zu haben: „Ja, wir haben es immer gut gehabt." Was will man mehr?

Dennoch hat die Gemeindehelferin ein unbehagliches Gefühl, wenn sie an dieses Gespräch zurückdenkt. Es verstärkt sich, als ihr auf dem Heimweg plötzlich einfällt, daß Frau Z. einen noch durchaus rüstigen Mann neben sich hat und daß sie mit einem ihrer Kinder und dessen Familie zusammenwohnt. Die Gemeindehelferin beginnt sich zu fragen: Was hat Frau Z. *eigentlich* gewollt? Sehen wir uns das Gespräch daraufhin näher an.

Der Anfang ist auffallend genug. An einem Ostersonntagmorgen sieht Frau Z. die ihr flüchtig bekannte Gemeindehelferin am Gartenzaun entlanggehen. Sie geht auf sie zu und redet sie an. Man würde erwarten, daß ein Festtagswunsch ausgetauscht wird und daß man sich seine Freude über den schönen Ostermorgen gegenseitig kundtut. Aber von alledem geschieht nichts. Die Frau hat offenbar etwas auf dem Herzen, das sie so drückt, daß sie es jemandem mitteilen muß: „Wie ist das eigentlich, wenn man mal eine Pflegerin braucht?" Offenbar ahnt sie selber, daß diese Frage einer Erklärung bedarf, denn sie fährt fort: „Ich gehe ja jetzt ins 79. Jahr, und neulich lag ich auch vierzehn Tage." Es liegt ein leiser Widerspruch zwischen der Beobachtung, daß Frau Z. die Gemeindehelferin so spontan auf ein Problem anredet — das deshalb ein sehr akutes Problem sein muß —, und der Begründung, die Frau Z. dann gibt. Sie hat *neulich* einmal 14 Tage im Bett gelegen, und sie ist 78 Jahre alt. Das ist ein Signal dafür, daß Frau Z. das eigentliche, das akute Problem noch nicht genannt hat. Die Gemeindehelferin muß etwas davon gespürt haben, denn sie fragt zurück: „Es geht Ihnen nicht gut?" Es ist nun sehr wichtig, wie Frau Z. auf diese Frage reagiert. Sie sagt: „Nun ja, Sie wissen ja, meine Beine." Das klingt nicht wie eine unmittelbare Antwort, sondern eher ausweichend, ein wenig unsicher. Das signalisiert wiederum, daß das, was Frau Z. bewegt, irgendwo anders liegt, daß ihr Problem nicht unmittelbar ihr schlechter Gesundheitszustand ist. In der Fortsetzung versucht sie dann offenbar, sich etwas näher an das heranzutasten, worum es ihr *eigentlich* geht: „Und dann kann man ja auch nicht wissen, ob man nicht doch plötzlich mal jemanden braucht." Auffallend ist, daß Frau Z. hier auf einmal nicht mehr in der „ich"-Form spricht, sondern von „man" — das deutet darauf hin, daß sie das, was sie bewegt, nur verhüllt, nämlich allgemein ausdrücken kann. Überdies signalisieren diese Worte eine große innere Unsicherheit: „. . . man kann nicht wissen, ob man nicht doch plötzlich mal . . ."

Wie geht die Gemeindehelferin darauf ein? Sie überhört das Signal von Frau Z., das zu erkennen gibt: Da ist etwas in mir, worüber ich nicht so gut sprechen kann. Sie knüpft vielmehr an das Greifbare und vor Augen

Liegende an und versucht, dafür eine Lösung anzubieten: „Da sagen Sie mir doch bitte Bescheid, und ich bespreche das dann mit der Gemeindeschwester oder mit Fräulein N. von der Inneren Mission, die hat viele Pflegerinnen." Mit anderen Worten heißt das: Ihr Problem ist leicht zu lösen. Sie brauchen mir nur Bescheid zu sagen, und alles kommt in Ordnung. Es ist ganz einfach. Sie brauchen sich keine Gedanken zu machen. Die Frage ist nun, ob Frau Z. damit wirklich geholfen ist. Wie reagiert sie auf dieses so plausible Angebot? Sie sagt: „Ja, das ist gut." Also ist das Problem für sie nun erledigt? Doch dann fährt sie fort: „Am schönsten wäre es ja, wenn man einfach mal nicht mehr aufwacht, als nachher so auf andere Leute angewiesen zu sein." Das ist allerdings ein deutliches Zurückweisen des Angebots der Gemeindehelferin. Mit anderen Worten sagt Frau Z.: Das ist gerade das, was ich *nicht* will! Bleib mir vom Leib mit deinen Pflegerinnen! Lieber will ich sterben! — Und dann versucht sie noch einmal, die Gemeindehelferin auf ihr *eigentliches* Problem aufmerksam zu machen. Man hat den Eindruck, daß sie jetzt sehr unmittelbar von sich spricht, wobei man spürt, wie sie eine Schwelle überschreiten muß: „Wissen Sie, ich — ich..." hier kündigt sich Entscheidendes an, jetzt heißt es, sehr aufmerksam zuhören: „Wissen Sie, ich — ich mag gar nicht mehr da sein. Es wäre schön, wenn man einfach so gehen könnte. Ich habe mein Leben gehabt, es war auch sehr schön. Aber jetzt ist es langweilig, und es geht mir auch nicht mehr gut." Von Satz zu Satz deckt Frau Z. mehr von ihrer Problematik auf. Sehr häufig kündigt ein „aber" in einem Gespräch etwas sehr Wichtiges an, so auch hier: „Aber jetzt ist es langweilig" — sie sagt „jetzt" und ist damit beim „Hier und Jetzt", beim akuten Problem angelangt. Das Leben ist langweilig geworden. Es ist leer, ohne Sinn und Ziel. Das Leben im Vollsinn des Wortes hat aufgehört. Das aber hängt nicht allein mit Alter und Altersbeschwerden zusammen, sondern mit schrumpfenden Beziehungen. Frau Z. ist aber keineswegs allein: sie hat noch ihren Mann, im Haus wohnt die Familie ihres Sohnes. Die Frage legt sich nahe, ob hier vielleicht Störungen in den Beziehungen der Frau zu ihren nächsten Angehörigen eine Rolle spielen. Aber das können wir nur vermuten: Frau Z. selber sagt darüber nichts (und bekommt auch nicht die Gelegenheit dazu).
Wenden wir uns jetzt wieder der Gemeindehelferin zu. Wie reagiert sie auf diese wichtigen Äußerungen von Frau Z.? Sie sagt: „Das ist doch eigentlich etwas sehr Schönes, wenn man von seinem Leben sagen kann: es war sehr schön — ich habe alles gehabt." Es ist deutlich, was die Absicht der Gemeindehelferin ist: sie möchte die positive Aussage von Frau Z. stützen und ihr damit helfen, das Negative zu bewältigen. Doch nur

oberflächlich gesehen ist Frau Z.s Äußerung: „Ich habe mein Leben gehabt, es war auch sehr schön" positiv. Das folgende „aber" versieht diesen Satz mit einem negativen Vorzeichen. *Jetzt* ist das Leben vorbei. Daß es einmal gut und erfüllt *war*, ist nur ein magerer Trost. Die Leere und Sinnlosigkeit des *augenblicklichen* Lebens ist die aktuelle Not. Jetzt wird deutlich, was die Gemeindehelferin *in Wirklichkeit* tut: in ihrer aktuellen Not läßt sie Frau Z. im Stich. Sie bestätigt und verstärkt vielmehr das die Frau bedrückende und erdrückende Gefühl, daß sie ihr Leben „gehabt" hat: „Das ist doch eigentlich etwas sehr Schönes, wenn man von seinem Leben sagen kann: es war (!) sehr schön — ich habe alles (!) gehabt." Wir können nur vermuten, daß sich die Gemeindehelferin damit in den Chor derer einreiht, von denen sich Frau Z. unverstanden und abgeschoben fühlt. Nicht, daß sie vielleicht einmal jemanden nötig hätte, ist zutiefst ihr Problem, sondern umgekehrt: daß niemand *sie* mehr nötig hat. Es ist, als ob sie gar nicht mehr vorhanden wäre. Sie hat ihr Leben *gehabt*. Die Gemeindehelferin bringt mit ihren Worten zum Ausdruck: das ist doch in Ordnung so?!

Nun verstehen wir auch den Sinn der Worte, die Frau Z. abschließend sagt (zögernd): „Ja, wir haben es immer gut gehabt." Sagt sie dies schon so zögernd, daß es der Gemeindehelferin auffällt, so zeigt das nun folgende „aber" — es steht übrigens genau an derselben Stelle wie im vorigen Satz der Frau Z. — vollends, daß dies in diesem Augenblick nicht tröstet, sondern nur schmerzt (‚Ja — aber' ist gleichbedeutend mit ‚nein'!). „Aber jetzt weiß ich ja Bescheid. Das ist gut." Unüberhörbar ist das Gefühl der Enttäuschung, das hinter diesen Worten verborgen ist. „Ich wünsche Ihnen noch schöne Ostertage." Frau Z. gibt zu erkennen, daß das Gespräch für sie beendet ist. Es ist kein Zufall, daß ein „Auf Wiedersehen" fehlt. Das sagt nur die Gemeindehelferin.

Wenn wir uns, nachdem wir auf diese Weise versucht haben, Frau Z. zu verstehen, nun noch einmal den ersten Satz des Gesprächs ansehen, so merken wir, daß Frau Z. schon dort ihr eigentliches Problem sehr deutlich ausgesprochen hat. Sie fragt nämlich nicht: „Wie bekomme ich im Notfall einmal rasch eine Pflegerin?", sondern: *„Wie ist das eigentlich, wenn . . .",* wobei im Hintergrund die Befürchtung steht: es ist unerträglich und schrecklich!

Dies hat die Gemeindehelferin überhört. So wie es auch der Leser beim ersten Überlesen des Gesprächs übersehen haben dürfte. Erst in einem Prozeß langen und geduldigen Horchens auf die eigenen Gefühle und auf die der Frau Z. wurde die Gemeindehelferin hellhöriger. Sie begann sich zu fragen, warum sie Frau Z. derartig mißverstanden hat. Eine Antwort auf diese Frage ist nicht so schnell zu geben. Man muß schon ein wenig tiefer in sich hineinhorchen, um zu ahnen, was sich in einem selber während eines solchen Gesprächs abspielt. In den meisten Fällen, in denen Gespräche einen ähnlichen Verlauf nehmen wie das vorliegende, lautet die Antwort etwa so: Ich bekam selber Angst vor der Ratlosigkeit der Frau, die ich irgendwie gespürt habe. Ich hatte im Grunde Angst vor der eigenen Ratlosigkeit. Was hätte ich ihr denn auf ihre eigentliche, emotionale Frage antworten können? Um der eigenen Ratlosigkeit zu entgehen, habe ich dann schnell einen Rat gegeben. Aber jetzt sehe ich, warum dieser gutgemeinte Rat der Frau nicht helfen konnte. Er hat das Gegenteil bewirkt, als er beabsichtigte. Er hat die Frau in die Ratlosigkeit zurückgestoßen. Ebenso *wollte* ich die abgrundtiefe Resignation nicht hören (besser: irgendetwas in mir wollte sie nicht hören), die aus den Worten spricht: „Ich mag nicht mehr da sein." Deshalb klammerte ich mich an etwas Positives, das ich zu hören meinte: „Ich habe mein Leben gehabt. Es war auch sehr schön." Aber es war ein Strohhalm, an den *ich* mich klammerte, um nicht dieser Resignation ausgesetzt zu sein. Jetzt merke ich, daß ich gerade damit die Frau zurückgestoßen habe. Mich selber hat der Strohhalm auch nicht getragen.

Die Konsequenz aus solchen Erkenntnissen ist, daß jemand, der anderen Menschen in persönlichen Schwierigkeiten helfen will, sich zuvor mit seinen eigenen Ratlosigkeiten, mit seinen eigenen Ängsten, mit seiner eigenen Resignation auseinandersetzen muß, damit diese ihn nicht hindern, die emotionalen Probleme anderer zu verstehen, weil er sie im Grunde nicht erträgt. Die Aufarbeitung eigener Ängste und Schwächen ist das erklärte Ziel der Balintgruppen oder der klinischen Seelsorgeausbildung — beide Ausbildungsmodelle für Seelsorge und Beratungsarbeit gewinnen in jüngster Zeit immer mehr an Bedeutung.

Fragen wir uns, wie die Gemeindehelferin der Frau hätte zu verstehen geben können, daß sie etwas von deren Problematik begreift. Sie hätte etwa nach dem ersten Satz von Frau Z. antworten können: „Sie machen sich Sorgen, daß Sie auf fremde Hilfe angewiesen sein müßten?" Diese Entgegnung hätte es Frau Z. ermöglicht, über ihre wirklichen Sorgen zu reden, etwa: „Ja — ich stelle mir das schrecklich vor. Ich möchte das nicht. Ich habe ja noch meinen Mann und meine Kinder, aber wissen Sie, gestern hatten wir ein Gespräch, und da ist mir deutlich geworden, daß ich denen nicht zur Last fallen kann." Hätte die Gemeindehelferin die emotionalen Töne des zweiten Satzes der Frau („. . . und dann kann man ja auch nicht wissen, ob man nicht doch mal plötzlich jemanden braucht") aufgenommen, wäre die Antwort etwa so ausgefallen: „Verstehe ich Sie richtig, daß es die Unsicherheit ist, die Sie bedrückt?" Die Frau hätte sich dann weiter aussprechen können. Wäre die Gemeindehelferin nicht vor den Emotionen geflohen, die Frau Z. in ihrem dritten Gesprächsbeitrag äußert („Wissen Sie, ich — ich mag gar nicht mehr da sein. Es wäre schön, wenn man einfach so gehen könnte"), hätte sie antworten können: „Ich höre aus Ihren Worten, daß Sie nicht viel Mut mehr haben." Damit wäre der Frau ein Raum geboten worden — ein Stück Lebensraum, in dem sie sich mit ihren Emotionen äußern darf —, in dem allein neues Vertrauen und neuer Lebensmut entstehen können. Voraussetzung für die Verarbeitung emotionaler Problematik ist ein solcher Raum des Verstehens. Verstanden zu werden ist ein Grundbedürfnis jedes Menschen. Verstandenwerden ist gleichbedeutend mit Angenommenwerden und Geliebtwerden. In diesem „Klima" können Ängste geäußert und Emotionen geklärt werden. Während umgekehrt das Gefühl, nicht verstanden zu werden, die Angst und die damit verbundene Isolation nur vergrößert.

Das vorliegende Gespräch ist exemplarisch: so oder ähnlich verlaufen die meisten Gespräche, in denen einer der beiden Gesprächspartner ein Stück innerer Problematik zu äußern versucht. So verlaufen in der Regel Gespräche mit alten Menschen, in denen etwas von der mit dem Altwerden verbundenen emotionalen Problematik durchklingt. Für die Betroffenen ist diese Problematik so schmerzlich, daß sie oft nur verschlüsselt, in Nebensätzen oder Zwischentönen zum Ausdruck gebracht wird — doch stets unüberhörbar, wofür das zunächst nicht ganz erklärbare Unbehagen der Gemeindehelferin nach dem Gespräch ein deutliches Indiz ist. Unsere eigenen Gefühle sind ein untrügliches und sehr empfindliches Instrumentarium, das uns anzeigt, ob das Gespräch zum Verstehen oder zum Mißverstehen geführt hat.

Dabei liegt die Versuchung in derartigen Gesprächen auf der Hand, daß man die Lösung des Problems — indem man die emotionalen Komponenten überhört — durch organisatorische Maßnahmen zu bewerkstelligen versucht: „Da sagen Sie mir doch bitte Bescheid, und ich bespreche das mit der Gemeindeschwester oder mit Fräulein N. von der Inneren Mission, die hat viele Pflegerinnen." Hier wird die karitative Bemühung zur Flucht vor der existentiellen Problematik eines Mitmenschen. Sie verdeckt die eigene Ratlosigkeit angesichts eines *nicht* durch organisatorische Maßnahmen zu bewältigenden Problems. Dies Angebot verstärkt auf der anderen Seite die Isolation und Resignation des alten Menschen: er fühlt sich abgeschoben, unverstanden, aus dem Leben gedrängt, isoliert — und wird wieder ein Stückchen mutloser, mit irgend jemandem über das zu reden, was ihn so bedrängt, daß er am liebsten sterben möchte. Wieder einmal wird er in dem verzweifelten Gefühl bestärkt: Mich versteht ja doch keiner!

Die Entdeckung, daß ein karitatives Angebot, das die Not eines Menschen beheben will, an dieser Not gerade vorbeigehen, ja sie sogar noch verstärken kann, ist bestürzend. Es ist weithin unbeachtet geblieben, daß die emotionale Problematik in der Regel viel bedrängender ist als Probleme, die organisatorisch, etwa durch karitative Institutionen, gelöst werden können. Wir erliegen nur allzu leicht dem Trugschluß, daß ein Mensch mit seiner Lebensproblematik allein fertig werden muß und kann, wenn man ihm nur die „äußeren Bedingungen" dafür (also etwa eine Pflegerin oder ein Platz im Altersheim) erfüllt. Wir stehen emotionaler Problematik (unserer eigenen und der anderer) hilflos gegenüber. Wollen wir uns nicht — trotz des Fortschritts auf dem Gebiet karitativer institutioneller Betreuung und Hilfeleistung — immer weiter gegenseitig in die Isolation drängen, dann werden wir anfangen müssen, das Gespräch einzuüben — das Gespräch mit uns selbst und das Gespräch mit anderen.

Gespräch mit einem aus der Kirche Ausgetretenen

Das folgende Protokoll wurde nach einem Gespräch mit einem Mann, Mitte 30, aufgezeichnet. Er liegt auf der Unfallstation eines Krankenhauses in einem 2-Betten-Zimmer. Der Seelsorger betritt das Zimmer:

S(eelsorger) 1: Guten Tag. Mein Name ist X. Ich bin evangelischer Pastor und komme Sie besuchen.

P(atient) 1: Guten Tag. Gehen Sie zu dem jungen Mann. (Zeigt auf seinen Bettnachbarn. Während sich S diesem zuwendet, hört er P leise sagen:) Ich bin aus der Kirche ausgetreten.

P II: Ich bin katholisch.

S 2: Sie sind katholisch?

P II: Ja.

S 3: (wendet sich dem ersten Patienten wieder zu) Sie sind aus der Kirche ausgetreten?

P 2: Ja. 1959. (Schweigen) Ich habe Zusatzarbeiten gemacht. Aber setzen Sie sich. Und am Ende des Monats haben sie mir 14 Mark Kirchensteuer abgezogen. Zehn Monate ging das so. Das habe ich nicht eingesehen, daß sie mir auch von den Überstunden noch abgezogen haben. (Währenddessen wird der Kaffee hereingebracht. Auf der Untertasse für P. fehlt der Löffel. P. sagt zur Schwester: Ich habe keinen Löffel nötig. Zu S gewendet:) Jesus hatte auch keinen Löffel, wissen Sie das?

S 4: Kleine Löffel gab es damals wohl auch nicht, aber große gab es schon (Schweigen).

P 3: Ja, so ist es. Ich bin dann aufs Gericht gegangen, und die haben mir schon alles fertig zum Ausfüllen hingelegt. Sie hatten schon alles bereit, ich brauchte nur zu unterschreiben.

S 5: Sie hatten den Eindruck, daß es sich nicht lohnte, in der Kirche zu bleiben.

P 4: Ich ging nie zur Kirche. Wir wurden von den Eltern gezwungen, in den Unterricht zu gehen. Die Mutter paßte auf. Und ich war immer gegen den Zwang. Es war eine schwere Zeit. Rechnen Sie aus, wann das war. Ich bin 36. Am Tag der Konfirmation gab es keine Geschenke. Die Paten gaben das Hemd, die Mutter die Schuhe und so weiter. Es war sehr eindrucksvoll in der Kirche.

S 6: Sie haben sich am Tag der Konfirmation gefreut.

P 5: Es war sehr feierlich. Unserer Tochter haben wir, als sie sieben war, die Entscheidung überlassen, ob sie ... aber sie wollte sein wie die Mutter. Meine Frau gehört keiner Kirche an. (Schweigen.) Stellen Sie sich vor. Es war 1957.

Wir wollten getraut werden. Wir gingen zum Pastor. Sie war nicht konfirmiert. Da sollte sie zuerst noch in den Unterricht gehen. Mit dreißig. Das gibt es doch nicht! Da habe ich ihn gefragt, ob denn sein Leben ganz sauber sei. Der verstand nichts.

S 7: Sie hatten den Eindruck, daß der Pastor Sie damals nicht verstanden hat.

P 6: Er hat menschlich gehandelt. Er dachte nur an sich.

S 8: Und zwei Jahre später sind Sie erst ausgetreten?

P 7: Ja, wir wollten ja nicht austreten. Aber dann kam alles so. Vielleicht tritt meine Tochter wieder in die Kirche ein, ich meine, wenn sie heiratet.

S 9: Sie würden sich freuen, wenn Ihre Tochter in die Kirche eintreten würde.

P 8: Uns ist es gleich. Es ist feierlicher, wenn die Trauung in der Kirche ist.

S 10: Sind Sie wieder einmal in die Kirche gegangen?

P 9: Meine Frau geht zu Trauungen. Ich bin schon zu Taufen gegangen. Alle meine Brüder sind noch in der Kirche. (P II bekommt Besuch. S. steht auf.)

S 11: Bleiben Sie noch lange hier?

P 10: Ja, einige Tage wohl.

S 12: Ich heiße X. Es hat mich gefreut, Sie kennenzulernen. Kann ich Ihren Namen erfahren?

P 11: Y.

S 13: Auf Wiedersehn, Herr Y.

P 12: Auf Wiedersehn.

Der Anfang des Gesprächs ist merkwürdig genug. Nachdem der Seelsorger sich vorgestellt hat, weist der Patient ihn zunächst einmal ab: „Gehen Sie zu dem jungen Mann." Der Pastor folgt dieser Aufforderung sogleich, und während er sich abwendet, hört er den Mann mit leiserer Stimme sagen: „Ich bin aus der Kirche ausgetreten." Der Ton, mit dem das gesagt wird, ist für den Pastor ein Signal. Nachdem der zweite Patient zu erkennen gibt, daß er auf einen Besuch keinen Wert legt (man kann vermuten, daß der erste Patient wußte, daß sein Bettnachbar katholisch ist; hoffte er, daß dieser ihn wieder zurückschicken würde?), kehrt er zu dem ersten zurück. Er gibt ihm zu erkennen, daß er das Signal vernommen hat: „Sie sind aus der Kirche ausgetreten?" Mit anderen Worten: ich bin bereit, mit Ihnen darüber zu reden. Der Patient sagt „Ja" und nennt die Jahreszahl seines Austritts. Dann schweigt er. Der Seelsorger läßt ihm Zeit. Der Patient beginnt, die näheren Umstände, die Gründe für seinen Austritt zu erzählen. Nach dem ersten Satz unterbricht er sich und lädt den Seelsorger ein, sich zu setzen. Damit gibt er zu erkennen, daß er einen engeren Kontakt zum Seelsorger wünscht. Das Anbieten eines Stuhles in einem Krankenzimmer, wo die Welt des Patienten auf sein Bett, seinen Nachttisch und einen Stuhl am Bett zusammengeschmolzen ist, ist alles andere als eine Höflichkeitsfloskel. Es weist auf eine positive Einstellung des Patienten zu seinem Besucher hin.

Was der Patient als Grund für seinen Kirchenaustritt erzählt, könnte den Widerspruch des Seelsorgers provozieren. Er kann sich auf einen Blick ausrechnen, daß die Lohnsteuersumme für die „Zusatzarbeiten" 140 Mark betragen haben muß, so daß seine „Überstunden" ihm an die 1000 Mark eingebracht hätten. Und selbst wenn dies den Tatsachen entspräche, so fallen die 14 Mark gegenüber der Verdienstsumme so wenig ins Gewicht, daß man sie als Grund für den Kirchenaustritt kaum ernst nehmen könnte. Der Seelsorger vermeidet es aber, den Patienten darauf anzusprechen, ihm also die Unbegründetheit seines Kirchenaustritts vor Augen zu halten. In der Nachbesprechung des Gesprächs sagt er, daß er dies in ähnlichen Fällen versucht habe. Dann sei es regelmäßig zu einem Streitgespräch gekommen, in dem jeder seinen Standpunkt verteidigt hätte. Das sei für ihn so unbefriedigend gewesen, daß er gemeint habe, mit Schweigen und Zuhören weiterzukommen.

Hier wird das Gespräch durch die Schwester unterbrochen, die den Patienten Kaffee bringt. Sie hat den Teelöffel für den Patienten vergessen. Dieser bedeutet ihr, daß er keinen brauche und sagt zum Pastor: „Jesus hatte auch keinen Löffel, wissen Sie das?" Der Seelsorger ist völlig überrumpelt. Er ist verunsichert: sollte das ein Scherz sein, eine Provokation? Er versucht sich zu retten: „Kleine Löffel gab es damals wohl auch nicht, aber große gab es schon." Erst nachträglich versteht er, was der Patient mit dieser Bemerkung zum Ausdruck bringen wollte: er solidarisierte sich mit Jesus. Er sagt: mein Kirchenaustritt hat mit meiner Stellung zu Jesus nichts zu tun. Im Gegenteil: Jesus und ich haben etwas gemeinsam. Wir haben keinen Löffel. Das Materielle spielt für uns keine Rolle. „Wissen Sie das?" Natürlich schwingt darin auch ein Sich-Absetzen von der Institution Kirche mit, die Kirchensteuern (neben Teelöffeln) durchaus nötig hat. Damit wird deutlich, daß der Patient mit dieser Frage den Seelsorger zugleich testet. Auf welche Seite wird sich der Pastor stellen? Wird er seine Institution und das Recht auf Kirchensteuer verteidigen — oder wird er mich gelten lassen? Wird er mit mir solidarisch sein?

Der Seelsorger versteht nicht, worum es hier geht. Er sucht einen Sinn auf der Ebene der Realitäten. Er möchte dem Patienten ja recht geben: „Kleine Löffel gab es damals wohl auch nicht" — zugleich muß er aber doch eine kleine Korrektur anbringen: „aber große gab es schon."

Das Schweigen zeigt, daß der Patient dies mangelnde Einverständnis an diesem Punkt erst verarbeiten muß. Er schließt diesen Verarbeitungsprozeß mit dem Satz ab: „Ja, so ist es." Er gibt sich selber recht. Und dann erzählt er weiter, wie sich der Kirchenaustritt vollzog: „Ich bin dann auf's Gericht gegangen, und die haben mir schon alles fertig zum Ausfüllen hingelegt. Sie hatten schon alles bereit, ich brauchte nur zu unterschreiben." Was will der Patient mit diesem minutiösen Bericht seines Besuchs auf dem Amtsgericht sagen? Gewiß hat er kein Interesse daran, den Pfarrer über den bürokratischen Verwaltungsakt des Kirchenaustritts zu informieren. Er möchte vielmehr dem Pfarrer etwas *von sich selber* mitteilen, einen Eindruck, ein Gefühl. Er sagt: es ging alles so einfach, so schnell. Von da ist es nur ein kleiner Schritt bis zu dem: es ging alles *zu* einfach, *zu* schnell! *So* schnell wollte ich eigentlich gar nicht! Daß es in der Tat dies ist, was der Patient dem Seelsorger zu verstehen geben möchte, wird in P 7 bestätigt: „Wir wollten ja nicht austreten. Aber dann kam alles so."

Auch dies versteht der Seelsorger nicht. Er hört nur: dieser Mann ist aus der Kirche ausgetreten. Die Zwischentöne entgehen ihm. So reagiert er: „Sie hatten den Eindruck, daß es sich nicht lohnte, in der Kirche zu bleiben."

Der Patient knüpft zunächst daran an und gibt dem Seelsorger wichtiges Material an die Hand: er lehnt sich gegen den Zwang und die Aufsicht auf, die seine Eltern über ihn ausübten, und er verbindet gleichzeitig Kirche und Kirchgang mit Zwang und Druck. Wenn er sagt: „Und ich war immer gegen den Zwang", dann heißt das: ich *bin* gegen den Zwang. Die Auseinandersetzung mit seinen Eltern in ihm selbst ist offenbar noch nicht abgeschlossen. In diese Auseinandersetzung ist die Kirche mit hineingeraten. Auffallend in P 4 ist nun aber, daß mitten in dem Gedankengang des Patienten sozusagen ein Richtungswechsel stattfindet. Er spricht zunächst von seinen negativen Erfahrungen mit der Kirche im Zusammenhang mit dem Zwang, unter dem er sich gefühlt hat. Dann kommt der Satz: „Es war eine schwere Zeit." Aber am Schluß hat die „schwere Zeit" eine positive Bedeutung bekommen: „Es war sehr eindrucksvoll in der Kirche" — wo es doch am Anfang geheißen hatte: „Ich ging nie zur Kirche."

Der Seelsorger hat offenbar Mühe, diesen Umschwung in der Bewertung der Kirche und des Kirchgangs mitzuvollziehen. Er versucht, dem Patienten zu folgen: „Sie haben sich am Tage der Konfirmation gefreut", aber das klingt sehr blaß gegenüber dem „sehr eindrucksvoll". Während für den Patienten der Eindruck wieder lebendig wird, so daß er sich *in der Kirche* sieht, spricht der Seelsorger von einem längst vergangenen Zeitpunkt: am Tage der Konfirmation. Was für den Patienten eine wichtige gegenwartsbezogene Bedeutung hat, ist für den Seelsorger Vergangenheit: der Patient ist ja aus der Kirche ausgetreten!

Wie sehr der Patient sich gleichsam *in der Kirche* sieht, geht auch aus einer Stelle in der nächsten Passage (P 5) hervor. „Meine Frau gehört keiner Kirche an" — als ob er selber wohl dazugehört; das heißt aber: er *fühlt* sich dazugehörig!

Der Patient ergänzt das „sehr eindrucksvoll" durch „Es war sehr feierlich" am Anfang von P 5. Und dann kommt er auf seine Tochter zu sprechen, die — der bedauernde Unterton ist nicht zu überhören — so sein wollte „wie die Mutter" (wo er doch auch aus der Kirche ausgetreten war!). Er schildert nun weiter den Umstand, der es verhindert hat, sich kirchlich trauen zu lassen. Er ist mit der Institution Kirche in Konflikt geraten, deren Zwang (Unterricht, den seine Frau nachholen sollte) er sich nicht beugen wollte. Der Pastor damals „verstand nichts".

Der Seelsorger vermeidet es wiederum, die Kirche zu verteidigen. Er versucht, den Patienten zu verstehen und ihm zu folgen. „Sie hatten den Eindruck, daß der Pastor Sie damals nicht verstanden hat." Freilich ging es dem Patienten sicherlich auch hier nicht nur um einen Bericht aus der Vergangenheit. Daß er dies erzählt, hat einen Bezug zu der Situation hier und jetzt, es hat eine Bedeutung für die Beziehung des Patienten zu *diesem* Pfarrer. Wenn man darauf acht gibt, dann wird deutlich, was der Patient für ein Anliegen gegenüber diesem Pfarrer hat: er bittet um Verständnis! Er sagt mit anderen Worten: Bitte, versteh' mich und hilf mir, meine eigenen Gefühle gegenüber der Kirche: Ablehnung auf der einen — und Sehnsucht auf der anderen Seite, zu verstehen. Der Patient möchte über *sich* hier und jetzt reden. Der Seelsorger redet über den Pastor damals: „Sie hatten den Eindruck, daß der Pastor Sie damals nicht verstanden hat." Der Patient antwortet: „Er hat menschlich gehandelt. Er dachte nur an sich." Das Gespräch stockt. Der Seelsorger sucht nach einem neuen Einsatz. Er stellt eine Informationsfrage. Er sucht nach Zusammenhängen: „Und zwei Jahre später sind Sie erst ausgetreten?" Er hat das Gefühl, daß sich da etwas nicht zusammenreimt. Wenn er *damals* nicht gleich ausgetreten ist, dann kann das doch kein Motiv für den Kirchenaustritt sein! Damit trifft er offenbar genau den Kern: „Ja, wir wollten ja nicht austreten. Aber dann kam alles so. Vielleicht tritt meine Tochter wieder in die Kirche ein, ich meine, wenn sie heiratet." Damit wird der eigene Wunsch kaum verschleiert zum Ausdruck gebracht. Was man selber versäumt hat, soll in den Kindern wieder gutgemacht werden. In dem Wiedereintritt seiner Tochter in die Kirche möchte der Mann selber wieder eintreten; in ihrer Trauung möchte er seine kirchliche Trauung nachholen.

Der Seelsorger versucht nachzufassen: „Sie würden sich freuen, wenn Ihre Tochter in die Kirche eintreten würde." Aber das ist offenbar zu viel: sich freuen! Die logische Antwort darauf wäre ja: warum in aller Welt treten Sie dann selbst nicht wieder ein?! Etwas in der Richtung muß der Patient befürchten, denn er zuckt zurück: „Uns ist es gleich. Es ist feierlicher, wenn die Trauung in der Kirche ist."

Der Patient hat mit seiner Befürchtung recht gehabt. Tatsächlich hatte den Seelsorger — er sagte es in der Gesprächsanalyse selbst — während P 7 der Gedanke beschlichen: Jetzt habe ich ihn! Jetzt muß er doch zugeben, daß er wieder eintreten will und daß ihn der Kirchenaustritt reut! Nach P 8 („Uns ist es gleich ...") war er verärgert und irritiert: jetzt ist er mir entwischt! So überhörte er, daß der Patient auch danach weiter sein eigenes emotionales Bedürfnis („es ist feierlicher" — siehe P 5: „es war sehr feierlich") zum Ausdruck bringt.

Der Seelsorger ist unsicher: hat der Patient nun ein Bedürfnis — oder hat er keines? Seine nächste Frage ist eine Testfrage in diese Richtung: „Sind Sie wieder einmal in die Kirche gegangen?" Die Antwort des Patienten (9) läßt wieder jenes Schwanken zwischen Distanzierung und Bedürfnis, dazuzugehören, erkennen: „Meine Frau geht zu Trauungen" (also nicht ich selbst!). „Ich bin schon zu Taufen gegangen" (das ist zwar wenig, aber mehr als nichts). „Alle meine Brüder sind noch in der Kirche" (warum eigentlich ich nicht?). Der Patient hat sich dem Zugriff des Seelsorgers entzogen.

Es kommt Besuch für den Mitpatienten; der Seelsorger ergreift die Gelegenheit, das Gespräch zu beenden. Er hat sehr deutlich das Gefühl, daß das Gespräch zu keinem guten Ende gekommen ist. Er ahnt dunkel, daß er dem Bedürfnis des Patienten nicht gerecht geworden ist. Deshalb erkundigt er sich nach der voraussichtlichen Dauer des Krankenhausaufenthaltes und nach dem Namen des Patienten; er möchte den Kontakt nicht gern abreißen lassen. Daß es ihm um einen persönlichen Kontakt geht, der nicht so sehr von der Institution Kirche bestimmt ist, darauf weist die Beobachtung hin, daß er selber ebenfalls (nochmals) seinen Namen sagt.

Eigentlich sollte man das Kind frei entscheiden lassen

Eine Taufanmeldung

Im folgenden sind ein Telefongespräch und das Protokoll eines Besuchs wiedergegeben, der auf den Anruf erfolgte. Der Anruf geschah an einem Dienstagabend, der Besuch erfolgte zwei Tage später. Berichterstatter ist der Gemeindepfarrer einer größeren Stadtgemeinde. Der Anrufende (V) ist ein jüngerer Mann aus der Gemeinde.

Das Telefongespräch

S 1: X-Kirche, Pastor Y.
V 1: Bin ich richtig verbunden mit der X-Kirche?
S 2: Ja, hier Pastor Y.
V 2: Ich möchte mit Ihnen sprechen wegen der Taufe meines Kindes.
S 3: Ich komme gern zu Ihnen.
V 3: Eigentlich wollte ich nicht, aber Frau und Eltern drängen darauf. Ich selbst bin der offiziellen Kirche gegenüber sehr skeptisch.
S 4: Das kann ich verstehen. Es gibt da manche Ungereimtheiten. Wann wollen wir unser Gespräch fortsetzen?
V 4: So schnell wie möglich, lieber heute als morgen. Kommen Sie heute abend?
S 5: Leider schon besetzt. Am liebsten Anfang nächster Woche. Aber wenn Sie wollen, komme ich übermorgen zu Ihnen, um 18 Uhr.
V 5: Gut, kommen Sie, ich bin dann vom Dienst zurück.

Der Besuch

Das Gespräch findet im Wohnzimmer der Familie V. statt. Die Mutter versorgt noch das Kind. Sie ist nur zeitweise im Zimmer. Das Gespräch wird mit der Frage nach dem „Woher" eröffnet.

S 1: Sie sind also beide aus H.?
V 1: Ja, das stimmt.
S 2: Dann sind Sie hier auch getauft, konfirmiert und getraut worden.
V 2: Getraut worden sind wir nicht, das war uns ein zu großer Aufwand.
S 3: Leider wird beides allzusehr vermischt. Man muß sich ja nicht in große Unkosten stürzen, wenn man Gott um seinen Segen für einen neuen Lebensabschnitt bitten will. Aber bei der Taufe ist dieses Problem zum Glück nicht so sehr im Vordergrund.

V 3: Ja — aber eigentlich sollte man das Kind frei entscheiden lassen, ob es getauft werden will, wenn es vernünftig geworden ist.

S 4: Dieser Weg ist durchaus möglich.

V 4: Ach, meine Frau und Verwandten wollen die Kindertaufe, und inzwischen bin ich auch dafür.

S 5: Trotzdem, überlegen Sie mal: Auch wenn das Kind nicht getauft wird, würden Sie wahrscheinlich versuchen, es christlich zu erziehen. Es würde mit der Mutter beten, Biblische Geschichten hören, hin und wieder zum Kindergottesdienst gehen, später zum Konfirmandenunterricht. Auch am Religionsunterricht würde es teilnehmen. Dann würde es etwa ein halbes Jahr vor der Konfirmation getauft werden. Sonst bliebe alles beim alten. Lassen Sie es hingegen jetzt taufen, könnte es, wenn es religionsmündig ist und die Kirche ablehnen würde, austreten. Das ist jedem freigestellt. Durch die Kindertaufe könnte es jedoch in Gewißheit aufwachsen, daß es ganz zu Gott gehört und daß es schon zu der Kirchengemeinde, zu der Sie auch gehören, zählt. — Aber Sie sagten am Telephon, daß Sie der Kirche gegenüber skeptisch sind und ablehnend eingestellt.

V 5: Ja, aber das hat nichts mit Ihnen persönlich zu tun! Ich bin ausgerechnet vom Evangelischen Jugendkreis meiner früheren Gemeinde enttäuscht worden. Wir waren auf einer Freizeit etwa fünfzig Jungen und Mädchen. Einige ältere Jungen zogen nachts in ein Mädchenzimmer. Als die Sache herauskam, beschimpfte Pastor X ausgerechnet mich, obwohl ich davon nichts wußte. Das ärgerte mich derart, daß ich an dem Pastor, den ich bis dahin verehrte, nur noch Fehler suchte und auch fand.

S 6: Ich kenne den Pastor. Solche Zwischenfälle kommen vor. Wahrscheinlich ist er etwas eng in seiner Auffassung von den Beziehungen zwischen den Geschlechtern. Ich weiß aus eigenen Freizeiten, daß solche ‚Gruppenbesuche‘ von Zimmer zu Zimmer harmlos sind. Doch bedenken Sie, daß er als Leiter der Freizeit voll verantwortlich war! Da sind ihm vielleicht die Nerven durchgegangen. Auch wir Pastoren sind ja nur Menschen, wenn auch mit besonderer Ausbildung in Angelegenheiten des christlichen Glaubens.

V 6: Eben, weil Sie auch nur Menschen sind, deshalb brauche ich doch die Kirche nicht, um an Gott zu glauben.

S 7: Sie meinen, daß Sie das alles erahnen könnten, was Gott uns Menschen bedeutet? Natürlich können Sie folgern: irgendwoher muß das Leben ja kommen. Aber daß ein Vater uns kennt und liebt, muß uns erst gesagt werden. Vor allem die Pastoren sollen den Menschen sagen, daß Gott uns persönlich kennt und Ja zu uns sagt. Es ist ein Unterschied, ob wir von Gott, Schicksal oder Natur sprechen.

V 7: Die Natur! Da sehe ich doch, daß alles lebt, daß Leben auch wieder genommen wird.

S 8: Aber welchen Sinn hat das alles! Warum leben wir? Darüber sagt die Natur nichts, doch wir Menschen suchen danach.

V 8: Vielleicht haben die Menschen sich Gott auch nur ausgedacht, weil ihnen die Sinnlosigkeit in der Natur unerträglich war.

S 9: Meinen Sie, daß Liebe nur Einbildung ist? Entschuldigen Sie, wenn ich einen etwas ausgefallenen Vergleich aufstelle. (Zu der Mutter gewandt, die sich inzwischen dazugesetzt hat:) Sie haben ein Kind. Angenommen, Sie wären ledig und hätten gern ein Kind. Theoretisch ist es möglich, sich mit dem Samen eines fremden Mannes befruchten zu lassen, vom Arzt. Das Kind mag gedeihen, aus der Kraft der Natur. Es fehlt ihm aber völlig die Liebe seines Vaters.

Frau V: Das wäre furchtbar.

S 10: So ist das mit der Natur ohne Gott. Erst wenn ich Gott kenne, lebe ich richtig. Ich kann ihm vertrauen. Sehen Sie, wir haben immerzu von der Taufe Ihres Kindes gesprochen. Denn in der Taufe soll ihm Gottes Vaterliebe zugeeignet werden. Und Sie beide sind als Eltern dazu da, daß es mit dieser Vaterliebe leben lernt. (Es folgen Einzelfragen über den Ablauf der Tauffeier.)

Der Pfarrer, der dies Gespräch vorlegte, hat sein Ziel erreicht. Die Widerstände gegen die Taufe seines Kindes seitens des Vaters sind überwunden. Die Taufe kann stattfinden. Der Pfarrer kann zufrieden sein. Allerdings konnte er im Rückblick einen leisen Zweifel nicht unterdrükken: ob nämlich auch der Vater nach diesem Gespräch zufrieden gewesen sei. Aus diesem Grunde zeichnete er das Gespräch auf und legte es vor.

Schon das Telefongespräch kam ihm irgendwie merkwürdig vor. Die Dringlichkeit, mit der das Gespräch gewünscht wurde („So schnell wie möglich, lieber heute als morgen. Kommen Sie heute abend?") stand in keinem Verhältnis zu dem Anlaß, den Herr V. am Telefon nannte. Der Pfarrer konnte sich das nicht recht erklären. Auch wies die Art und Weise, wie Herr V. sich am Telefon meldete und sich vergewisserte, ob er richtig verbunden sei, darauf hin, daß er etwas sehr Wichtiges zu besprechen hätte. Der Pfarrer sagte, daß er sich bedrängt gefühlt habe. Am liebsten hätte er den Besuch hinausgeschoben. Doch dann nennt er den nächstmöglichen Termin. Herr V. ist damit einverstanden. So kommt es zwei Tage später zu dem Gespräch.

Bei der Begrüßung erzählen sich der Pfarrer und Herr V., woher sie stammen. Die Mutter des Kindes ist mit ihrem Säugling beschäftigt. Als sie beide Platz genommen haben, eröffnet der Pfarrer das Gespräch. Er resümiert: „Sie sind also beide aus H.?" Und als sein Gesprächspartner erwartungsgemäß bejaht, zieht er eine Folgerung: „*Dann* sind Sie hier auch getauft, konfirmiert und getraut worden." Damit gibt er *sein* Interesse kund, das darin besteht, daß alle gängigen Amtshandlungen an diesem Ehepaar vollzogen worden sind. Zugleich wären damit die (kirchenrechtlichen) Bedingungen für eine Taufe ihres Kindes erfüllt. Doch hier entspricht Herr V. den Erwartungen seines Pfarrers nicht. Er ist nicht kirchlich getraut. Er begründet dies damit, daß sie den großen Aufwand dafür nicht gewünscht hätten. Der Pfarrer mißbilligt dies:

„Leider wird beides allzusehr vermischt..." Er sagt seinem Gesprächspartner, daß dies kein Grund sei, auf eine kirchliche Trauung zu ver-
zichten, um dann zielbewußt auf den Anlaß seines Besuchs loszusteuern:
die Taufe des Kindes. Zum Glück kann man die Ablehnung der Taufe
nicht mit einem zu großen Aufwand dafür begründen! Herr V. spürt den
verborgenen Angriff. Er versucht, seine kritische Haltung zu rechtfertigen: „Ja — aber (,Ja — aber' heißt: Nein!) eigentlich sollte man das
Kind frei entscheiden lassen, ob es getauft werden will, wenn es vernünftig geworden ist." Dies gesteht der Pfarrer zu: „Dieser Weg ist
durchaus möglich." Daraufhin sagt Herr V.: „Ach, meine Frau und
Verwandten wollen die Kindertaufe, und *inzwischen bin ich auch dafür.*" Das bedeutet, daß er gar keine Bedenken gegen die Taufe seines
Kindes mehr hat!
Wie ist dies zu verstehen? Was ist hier geschehen? Wir beobachten in diesem Gesprächsabschnitt zwei Dinge. Erstens: die Ablehnung der Taufe in
V 3 ist eine Reaktion des Mannes auf den Vorwurf des Pfarrers in S 3.
Auf diesen Vorwurf hin („Solch einen fadenscheinigen Grund erkenne
ich nicht an") bleibt Herrn V. gar nichts anderes übrig, als einen gewich-
tigeren Grund vorzutragen. Zweitens: als der Pfarrer seine Begründung
akzeptiert (S 4), läßt Herr V. diese Begründung zusammen mit dem Widerstand fahren. Die Folgerung daraus kann nur lauten: es geht Herrn
V. nur vordergründig um die Taufe seines Kindes. Sie bietet nur den
Anlaß für ihn, den Pfarrer um ein Gespräch zu ersuchen. In dem Augenblick, wo der Pfarrer ihm den Weg freigibt, wo er sich und seinen Gesprächspartner nicht mehr auf den vordergründigen Anlaß fixiert, legt
dieser ihn beiseite: „inzwischen bin ich auch dafür." Jetzt könnte das zur
Sprache kommen, weshalb Herr V. ihn so dringend zu sich gebeten hat.
Was aber tut der Pfarrer? Er hält seinen Gesprächspartner bei dem einmal angesprochenen Thema fest (das in dem Gespräch selbst von nieman-
dem anders als vom Pfarrer selbst zur Sprache gebracht wird: vgl. S 2
und S 3): „Trotzdem, überlegen Sie mal..." — als ob Herr V. gar nicht
geäußert habe, daß er inzwischen durchaus für die Taufe seines Kindes
ist! Es folgt eine lange Rechtfertigung der Kindertaufe. Am Schluß seiner Ausführungen fühlt sich der Pfarrer so stark, daß er Herrn V. im
Blick auf seine kritische Äußerung am Telefon zur Rede stellt: „Aber
Sie sagten am Telefon, daß Sie der Kirche gegenüber skeptisch sind und
ablehnend eingestellt" (S 5).
Herr V. antwortet: „Ja, aber das hat nichts mit Ihnen persönlich zu
tun." Auch hier bedeutet das ‚Ja — aber' eine Verneinung. Er sagt: das,
was ich am Telefon gesagt habe, gilt Ihnen nicht. Darüber brauchen wir

nicht mehr zu reden. Das braucht nicht zwischen uns zu stehen. Er erzählt dann noch eine kleine Geschichte, um seine kritische Bemerkung am Telefon zu rechtfertigen. Aber *wie* er sie erzählt, klingt es schon sehr distanziert, fast ein wenig selbstkritisch. Der Zwischenton lautet: nimm das nicht so ernst! Ich tue es nämlich auch nicht.

Jedoch der Pfarrer nimmt das sehr wohl ernst. Er verteidigt den angegriffenen Pfarrer, er identifiziert sich mit ihm: „auch wir Pastoren sind ja nur Menschen", und das bedeutet, daß er zugleich auch sich selber verteidigt. Das wiederum provoziert einen Angriff von Herrn V. (V 6), der dem Pfarrer glatt ins Gesicht sagt, wenn das so sei, dann brauche er die Kirche nicht! Worauf natürlich der Pfarrer seine Existenzberechtigung nachweisen muß: „Vor allem die Pastoren sollen den Menschen sagen, daß Gott uns persönlich kennt und Ja zu uns sagt. Es ist ein Unterschied, ob wir von Gott, Schicksal oder Natur sprechen" (S 7). Herr V. greift das Stichwort „Natur" auf und sagt: „Die Natur! Da sehe ich doch, daß alles lebt, daß Leben auch wieder genommen wird" (V 7); mit anderen Worten wiederholt er nur, was er eben schon gesagt hatte, nämlich: ich brauche dich nicht! Du kannst mir nichts Neues sagen.

Jetzt eskaliert das Streitgespräch. Der Pfarrer ruft aus: „Aber welchen Sinn hat das alles! Warum leben wir? Darüber sagt die Natur nichts . . ." worauf Herr V. nicht ungeschickt kontert. Vielleicht ist es eben diese Sinnlosigkeit, die die Menschen veranlaßte, sich Gott auszudenken? Vielleicht existiert Gott nur in deiner Einbildung? (V 8)

Jetzt fährt der Pfarrer schwerstes Geschütz auf: „Meinen Sie, daß Liebe nur Einbildung ist?" Dann wendet er sich mit einem „etwas ausgefallenen Vergleich" an die inzwischen hinzugekommene Mutter des Kindes (er versucht sie sich zur Verbündeten zu machen), und in der Tat, er hat Erfolg. Sie bestätigt ihn: „Das wäre furchtbar." Auf diese Weise hat er recht behalten. Der Rückschluß lautet: wenn die Liebe keine Einbildung ist, dann ist auch Gott keine Einbildung. Wenn wir die Liebe brauchen, dann brauchen wir auch Gott. Dann brauchen wir auch die Taufe. Und eben dies wollte der Pfarrer dem Vater des Kindes deutlich machen. Jetzt kann er „den Sack zubinden": „So ist das . . . Sehen Sie, wir haben immerzu von der Taufe Ihres Kindes gesprochen . . . Sie beide sind als Eltern dazu da, daß es mit dieser Vaterliebe leben lernt" (S 10). Die Welt des Pfarrers ist wieder in Ordnung. Alles steht wieder auf seinem Platz. Das, was noch übrig bleibt, ist lediglich die Klärung einiger Formalien.

Doch im Nachhinein nagt der Zweifel. Und in der Gesprächsanalyse erkennt der Pfarrer, was sich hier abgespielt hat. Die kritische Bemerkung am Telefon: „Ich selbst bin der offiziellen Kirche gegenüber sehr skeptisch" war eine Provokation, die den Sinn hatte, den Pfarrer auf sich aufmerksam zu machen. Herr V. wollte (ohne daß ihm das in dem Augenblick selber deutlich war) damit signalisieren: bitte, beschäftige dich mit mir! Ich bin ein schwieriger Fall!

Der Pfarrer jedoch hat sich provozieren *lassen* und dadurch das Signal überhört. Auf die Taufe des Kindes angesprochen, fühlte er sich zuständig für die möglichst vollständige und reibungslose Durchführung der Amtshandlungen in seiner Gemeinde. Dies, also sein eigenes Interesse vertrat er *gegenüber* Herrn V. Er war so sehr programmiert, daß er es einfach überhörte, als Herr V. ihm sagte, er sei ja inzwischen ganz einverstanden mit der Taufe. Unbeirrt verfolgt er sein Ziel. Herrn V. blieb nur noch übrig, sich zu wehren. Er wehrte sich gegen das Mißverstehen, dem er sich ausgesetzt fühlte.

Was Herr V. eigentlich auf dem Herzen hatte, das hat der Pfarrer nie erfahren.

Ein Trauerbesuch

Vom Beerdigungsunternehmer war der Pfarrer vom Tod eines 57jährigen Mannes unterrichtet worden. Die Familie war ihm unbekannt — er vertrat den zuständigen Seelsorger. Telefonisch vereinbarte er mit der hinterbliebenen Frau X einen Besuch. Auf sein Läuten öffnet ihm ein etwa 17 Jahre altes Mädchen, das ihn hereinbittet und ins Wohnzimmer führt. Kurz darauf kommt Frau X herein.

S 1: Guten Tag, Frau X.

X 1: Guten Tag, Herr Pastor. Nehmen Sie Platz.

S 2: (unsicher) Sie beide sind die Hinterbliebenen? (Mutter und Tochter nikken. Es entsteht eine Pause.)

S 3: War Ihr Mann krank?

X 2: Ja, er hatte einen Hirntumor. (Frau X berichtet nun ausführlich über den Krankheitsverlauf, darüber, daß ihr Mann sich sehr habe quälen müssen und daß sie nachts nicht bei ihm geblieben sei, weil es doch keinen Sinn gehabt hätte. Diese Erzählung dauert schätzungsweise 20 Minuten und ermüdet den Seelsorger. Schließlich endet Frau X:) Was soll ich Ihnen sonst noch erzählen? Ich kann nichts erzählen.

S 4: Ich frage Sie etwas. Persönlich habe ich Ihren Mann nicht gekannt. Es ist aber gut für den Prediger, doch etwas zu wissen. Sagen Sie mir doch bitte etwas über seine Lebensdaten, wie lange Sie verheiratet waren, über seinen Beruf, seine Hobbies.

X 3: (berichtet ganz knapp über Geburtsdatum und -ort, über beruflichen Weg und Kriegszeit [Gefangenschaft], nennt die Jahre ihrer Ehe und erwähnt die einzige Tochter. Sein Hobby sei der Sport gewesen, er habe früher jeden Sonntag als Schiedsrichter gewirkt. Schließlich sagt sie:)
In den letzten Jahren ist er freilich ganz in seiner Tätigkeit für die Gewerkschaft aufgegangen. Er mußte häufig nach H. zum Vorstand. Er hat viele große Reisen gemacht.

S 5: Waren Sie mit?

X 4: Nein. Die hat er mit seinen Kollegen von der Gewerkschaft gemacht. Nach Irland und Schweden usw. (Pause.) Sie werden ihn alle am Grab loben. Wie kameradschaftlich und wie gut er gewesen ist.

S 6: Sie haben Kontakt mit seinen Freunden?

X 5: Nein. Ich kenne seine Kameraden nicht (das kommt sehr hart heraus). Ich kenne Sie ja auch nicht. Ihr Kollege hat meine Tochter konfirmiert.

S 7: Er ist im Urlaub. Sonst hätte er sicher Ihren Mann beerdigt. Vielleicht ist es gut, wenn ich Ihnen etwas über den Verlauf der Beerdigung sage.

X 6: Ja, bitte.

S 8: (erzählt den Ablauf und kommt aufs Singen:) Möchten Sie singen? Ich empfinde Singen in einer solchen Situation als entlastend.

X 7: Ach, ich heule doch nur die ganze Zeit. Muß man denn Musik bestellen?

S 9: Sie müssen es nicht, aber Sie können es tun. Wir haben hier in der Kapelle allerdings kein Harmonium, so daß das gemeinsame Singen schwierig werden wird. Sie können aber ein Cello bestellen. Der Cellist, der hierher kommt, ist auch ganz ordentlich.

X 8: Ich bin so unentschlossen. (Sie erzählt jetzt von der Beerdigung ihrer Mutter vor einigen Wochen auf einem Dorf.) Die ganze große Gemeinde hat gesungen. Das ist dort so üblich. Aber hier? Meine Tochter ist modern, ich bin konservativ. (Zur Tochter:) Was meinst du denn?

Tochter: Ich weiß auch nicht.

S 10: Wissen Sie, bei der Beerdigung verabschieden sich die Angehörigen und Freunde und auch die Gesellschaft von ihrem Toten. Das ist ein alter Ritus. Dazu gehört, daß man dem Toten zuletzt noch etwas Gutes tun möchte. Dazu macht man Musik. Dann ist die Feier nicht so karg.

X 9: Ja, dann bestelle ich Musik. Was sollen die denn spielen?

S 11: Choräle.

X 10: Welche?

S 12: Befiehl du deine Wege; und vielleicht einen Osterchoral, z. B. Christ ist erstanden von der Marter alle. Wir Christen sprechen ja am Grab von der Auferstehung, von Ostern.

X 11: Auferstehung — das verstehe ich nicht!

S 13: Die Geschichte vom leeren Grab ist sicher eine Legende. Aber in ihr ist von einem Problem die Rede, nämlich von dem Problem, wie wir mit dem Tod fertigwerden können.

X 12: (nickt) Es ist doch üblich, nach der Beerdigung Kaffee zu trinken. Ist es hier Sitte, den Pfarrer einzuladen?

S 14: Das ist hier nicht üblich (hat den Eindruck, daß Frau X erleichtert ist); ich würde Sie aber gern in zehn Tagen noch einmal besuchen. Wollen wir gleich einen Termin verabreden?

X 13: Ich muß ja wieder arbeiten. Das Leben geht weiter. Ich muß meine Tochter und mich durchbringen.

S 15: Bekommen Sie denn nicht die Pension Ihres Mannes?

X 14: Das ist nicht viel. Er hat das meiste doch ehrenamtlich getan. Am besten, Sie rufen vorher an.

S 16: Gut, ich rufe Sie an oder komme am Wochenende.

X 15: Sonntags haben Sie wohl zuviel zu tun?

S 17: Nein, nicht zu viel. Auf Wiedersehn, bis zum Mittwoch (Tag der Beerdigung).

Der Seelsorger berichtet, er sei am Anfang des Besuchs verunsichert gewesen. Er kannte die Familie, in der der Todesfall eingetreten war, nicht. Frau X macht von vornherein auf ihn einen verschlossenen und „zusammengenommenen" Eindruck. Mutter und Tochter tun von sich aus nichts, um ihn in ihre Welt hineinzuholen. Sie sitzen einfach da, die Hände in den Schoß gelegt. Er versucht eine Kontaktaufnahme: „Sie beide sind die Hinterbliebenen?", worauf er nur ein Nicken erntet. Dann entsteht eine Pause. Der Seelsorger versucht einen neuen Anlauf: „War Ihr Mann krank?" Diese Frage löst eine lange Erzählung aus, die der Seelsorger als ermüdend erlebt. Er berichtet, daß er auch das Gefühl gehabt habe, daß die Frau selber das Erzählen sehr anstrengte. Ihm fiel auf, daß Frau X Mühe hatte, die Ereignisse in der richtigen Reihenfolge zu ordnen, wobei die Tochter helfend einspringen mußte. Offenbar hat sie ihr Erleben noch gar nicht „geordnet", sie kann sich in dem, was sie erlebt hat, noch nicht zurechtfinden. Man bekommt den Eindruck von Trauer*arbeit*, die eben durch das Aussprechen geschieht und dessen Mühe der Seelsorger unmittelbar spürt: er ermüdet. Wichtig ist in diesem Zusammenhang auch, daß Frau X berichtet, sie sei (in den letzten Tagen) nachts nicht bei ihrem Mann geblieben. Sie begründet dies damit, daß dies „doch keinen Sinn gehabt hätte". Offenbar ist sie innerlich damit keineswegs fertig, daß sie nachts nicht an der Seite ihres sterbenden Mannes war. Hinter ihrer Äußerung steht ein unbestimmtes Gefühl: eigentlich hättest du bei ihm bleiben müssen — ein irrationales Schuldgefühl. Dieser Gesprächsabschnitt endet mit den Worten von Frau X: „Was soll ich Ihnen sonst noch erzählen? Ich kann nichts erzählen." Der Seelsorger hört daraus ein Stück Widerstand. Ich *kann* nichts erzählen (sie sagt nicht etwa: ich kann nichts *mehr* erzählen, ich habe Ihnen alles gesagt) heißt auch: ich *will* nichts erzählen. So schwierig sind die Dinge, so ungeordnet und unverarbeitet sind die eigenen Gefühle.

Der Seelsorger versucht, diese schwierige Situation zu meistern. *„Ich frage Sie etwas."* Und nun stellt er eine Reihe von Fragen nach den äußeren Gegebenheiten im Leben des Verstorbenen. Er läßt keinen Zweifel daran, daß er selber ein Interesse daran hat, „als Prediger". Die Gruppe, in der das Gespräch analysiert wurde, formulierte als eine für sie wichtige Erkenntnis, die sie an dieser Stelle gewann: „Informationsfragen führen immer fort von dem Bedürfnis des Gesprächspartners zum Bedürfnis des Fragenden." In der Tat: der Seelsorger läßt das, was Frau X ihm erzählt hatte, und wobei sie mit all ihren Gefühlen sehr beteiligt war, liegen. *Diese* Arbeit ist ihm zu schwer. Er schaltet um auf etwas Handfestes, auf Lebensdaten, auf sachliche Information, und — im Gegensatz zu der ausführlichen Erzählung über Krankheit und Sterben des Mannes — bekommt er nun auch „ganz knapp" die erbetenen Auskünfte. Freilich kommt am Schluß, nachdem sie dem Seelsorger das Hobby ihres Mannes genannt hatte: nämlich den Sport — noch etwas, wonach sie nicht gefragt worden war: „In den letzten Jahren ist er freilich ganz in seiner Tätigkeit für die Gewerkschaft aufgegangen. Er mußte häufig nach H. zum Vorstand. Er hat viele große Reisen gemacht."

Im Nachhinein sind die beiden nächsten Fragen des Seelsorgers erstaunlich. Mit schlafwandlerischer Sicherheit steuert er einen offenbar wunden Punkt in den Gefühlen der Frau an. Bewußt war ihm das in dem Augenblick keineswegs, aber wir können vermuten, daß er dennoch in den letzten Worten der Frau einen Ton vernommen hat, der ihn aufhorchen ließ und bewog, die Frage zu stellen: „Waren Sie mit?" Die Frau antwortet: „Nein. Die hat er mit seinen Kollegen von der Gewerkschaft gemacht. Nach Irland und Schweden usw." Dann kommt eine Pause, und nach der Pause der Satz: „Sie werden ihn alle am Grab loben. Wie kameradschaftlich und wie gut er gewesen ist."

Auf den ersten Blick sieht es so aus, als stimme die Frau in dies Lob der Kollegen ihres Mannes mit ein. Aber — wiederum war es ihm in diesem Augenblick nicht bewußt — der Pfarrer hört einen Zwischenton, der ihn veranlaßt zu fragen: „Sie haben Kontakt mit seinen Freunden?", d. h. er stellt die Frage nach ihrem Verhältnis zu diesen Freunden ihres Mannes. Er hat gespürt, daß da etwas nicht ganz klar ist. Und er bekommt die Antwort: „Nein. Ich kenne seine Kameraden nicht." Der Pfarrer erzählt, daß dies sehr aggressiv herauskam. Im selben Augenblick wendet sich ihre Aggression auch gegen den Pfarrer selbst, der sie nach ihrem Verhältnis zu den Kameraden ihres Mannes gefragt hatte: „Ich kenne Sie ja auch nicht. Ihr Kollege hat meine Tochter konfirmiert." Spätestens in diesem Augenblick wird ihm bewußt, daß der Satz „Sie werden ihn alle am Grabe loben" ein bitterer Satz gewesen ist.

An dieser Stelle ist die Frage zu stellen, gegen wen sich die Aggression der Frau richtet. Vordergründig gegen die Kollegen, die ihren Mann auf weite Reisen mitnahmen, so daß sie alleine zurückblieb. Vordergründig gegen den Pfarrer, der sie daran erinnert. Aber weil — wenn man versucht, Ursache und Wirkung aufeinander abzustimmen — weder die Kollegen noch der Pfarrer die Aggression der Frau verdient haben, legt sich die Vermutung nahe, daß die Frau im Grunde gegen ihren Mann aggressiv ist. Das wird ihr in diesem Augenblick kaum bewußt sein. Denn Aggression gegen verstorbene Angehörige „verbietet sich uns von selbst". Gerade deshalb „verschiebt" sie sich auf andere, die sich dafür — von ferne — anbieten: auf die Kollegen und auf den Pfarrer. Diese Aggression der Frau hat etwas Irrationales. Aber — ist sie emotional nicht verständlich? Sie fühlt sich alleine gelassen, und zwar nicht *nur* in der Vergangenheit. Der Mann ist fortgegangen — auf eine weite Reise, jetzt sogar auf eine Reise ohne Wiederkehr. *Das* ist der Schmerz in *diesem* Augenblick. Dieser Schmerz ist ihr von ihrem Mann zugefügt worden. Gewiß: durch seinen Tod, den er selber nicht gewünscht hat. Aber zu dieser rationalen Differenzierung ist unser Gefühl (und erst recht nicht unser Unbewußtes) im Augenblick der Betroffenheit nicht in der Lage. Wir reagieren in solchen Augenblicken irrational. Wir wehren uns. Wir sind aggressiv gegen denjenigen, der uns das angetan hat. Sehr tief in uns verwurzelte Ängste vor dem Verlassenwerden werden angerührt und rufen Abwehr und Aggression in uns hervor. Dies alles ist uns im Augenblick der Betroffenheit nicht bewußt. Aber es gehört zu unserer Trauerarbeit, diese Gefühle zu verarbeiten, und der Seelsorger kann dabei in dieser Situation wesentliche Hilfe leisten, indem er *versteht*, was der Betroffene nicht verstehen kann und in diesem Verstehen den anderen begleitet.

Jetzt wird der Kontext deutlich, in den X 3 — X 5 hineingehört: er ist das *Gefühl des Verlassen-Seins* in der Frau, hervorgerufen durch den Tod des Mannes, zum Ausdruck gebracht an Hand der Reisen ihres Mannes „nach Irland und Schweden *und so weiter*".

Der Pfarrer versteht nicht, was hier vorgeht. Sonst hätte er vielleicht geantwortet: „Sie blieben alleine zurück" oder sogar: „Sie fühlten sich alleine gelassen." Dann hätte er der Frau die Möglichkeit geboten, weiter über ihre verletzten Gefühle zu reden und ein Stück Trauerarbeit zu leisten. So aber entschuldigt er sich bzw. die Abwesenheit des ‚zuständigen' Pfarrers und bricht das Gespräch an diesem Punkt ab. Er geht über zu den Formalitäten der Beerdigung, denn dafür ist er wieder „zuständig". Merkwürdig genug ist die Verlegenheit, die das folgende Gespräch über den Ablauf der Beerdigung bestimmt, und zwar auch auf seiten des Pfarrers. Zuerst empfiehlt er das Singen „*ich* empfinde Singen in einer solchen Situation als entlastend" — dann sagt er, daß ohne Harmonium „das gemeinsame Singen schwierig werden wird". Aber aus dem, was vorangegangen ist, wird diese Verlegenheit verständlich: der Übergang zu den Formalitäten der Beerdigung geschah nämlich aus nichts anderem als aus Verlegenheit! Erst als der Pfarrer ihr die Motivation des Ritus der Beerdigung anbietet: „Dazu gehört, daß man dem Toten zuletzt noch etwas Gutes tun möchte. Dazu macht man Musik" — geht sie überraschend schnell darauf ein: „Ja, dann bestelle ich Musik." Es ist, als ob das „Gute", was sie dem Toten „zuletzt" noch tun möchte, ein Gegengewicht zu den Aggressionen ist, die sie (nicht bewußt) dem Toten gegenüber hat.

Auf einmal ist ihr Interesse geweckt. Sie stellt Fragen hinsichtlich der Musik: „Was sollen die denn spielen?" Der Seelsorger: „Choräle." Darauf sie: „Welche?" Der Pfarrer antwortet: „Befiehl du deine Wege; und vielleicht einen Osterchoral, z. B. Christ ist erstanden von der Marter alle. Wir Christen sprechen ja am Grab von der Auferstehung, von Ostern." Darauf wieder die Frau: „Auferstehung — das verstehe ich nicht!"

Jetzt wird die Verlegenheit des Theologen riesengroß. Die Frau hat ganz offensichtlich einen wunden Punkt *seiner Theologie* berührt. Er versucht, sich mit einer intellektuellen Argumentation zu retten: „Die Geschichte vom leeren Grab ist sicher eine Legende. Aber in ihr ist von einem Problem die Rede, nämlich von dem Problem, wie wir mit dem Tode fertigwerden können." Es ist gar nicht zu überhören, daß der Theologe hier von *seinem* Problem spricht. Dabei entfernt er sich völlig von der Frau und ihren Gefühlen. Der Seelsorger hat den Eindruck, daß seine Gesprächspartnerin das, was er hier sagt, überhaupt nicht aufnimmt. Vielmehr stellt sie die Frage, ob sie verpflichtet sei, den Pfarrer nach der Beerdigung zum Kaffee einzuladen (X 12), und als dieser das verneint, scheint sie erleichtert zu sein. Das Angebot des Pfarrers, sie noch einmal zu besuchen („Wollen wir gleich einen Termin verabreden?"), wird nicht angenommen: „Ich muß ja wieder arbeiten. Das Leben geht weiter. Ich muß meine Tochter und mich durchbringen" (X 13). Der Pfarrer spürt die Ablehnung und hinterfragt diesen Satz: „Bekommen Sie denn nicht die Pension Ihres Mannes?" (S 15). Das wiederum provoziert auf seiten der Frau einen Vorwurf gegen ihren verstorbenen Mann: „Das ist nicht viel. Er hat das meiste doch ehrenamtlich getan" (X 14). Auch hier geht es wieder um den Ausdruck eines Gefühls, weniger um sachbezogene Realität, denn die Höhe einer Pension hat nichts zu tun mit mehr oder weniger ehrenamtlicher Beschäftigung. Was die Frau hier zum Ausdruck bringt, ist das Gefühl: er hat mich *unversorgt* allein gelassen.

Dennoch spürt die Frau, daß es dem Pfarrer bei seiner Frage darum ging, ihre Ablehnung eines Besuches bei ihr zu durchstoßen. Deshalb sagt sie im selben Atemzug: „Am besten, Sie rufen vorher an." Der Pfarrer geht darauf ein: „Gut, ich rufe Sie an oder komme am Wochenende." Der nächste Satz der Frau klingt so, als *hoffe* sie, daß den Pfarrer wenigstens sonntags seine viele Arbeit daran hindere, sie zu besuchen; oder ist's vielleicht umgekehrt: hofft sie vielleicht doch insgeheim, er möchte noch einmal kommen? Sie sagt: „Sonntags haben Sie wohl zu viel zu tun?" Der Pfarrer verabschiedet sich.

Es blieb die Frage offen, warum die Frau den Hinweis des Pfarrers auf die Auferstehung der Toten, von der „wir Christen ja am Grab sprechen" (S 12) so schroff zurückweist. Ist sie so ungläubig und verstockt gegenüber der christlichen Botschaft? Natürlich können wir diese Frage nicht abschließend beantworten. Sie bleibt offen. Aber auf eine andere Möglichkeit, die Reaktion der Frau an dieser Stelle zu verstehen, soll doch hingewiesen werden. Es ist deutlich geworden, daß es an dieser Stelle noch nicht zu einer Verständigung zwischen dem Pfarrer und der Frau gekommen ist. Es steht noch Ungeklärtes zwischen ihnen: „Ich kenne Sie ja auch nicht" (X 5) und die ganze Verlegenheit, die diese Abwehr gegenüber dem Pfarrer im Gefolge hat. Die Frau hat sich damit sehr entschieden von dem Pfarrer distanziert — wir sahen, welche Problematik seitens der Frau damit angedeutet ist. Hier nun versucht der Pfarrer, sich mit der Frau zu solidarisieren (er hat die Distanzierung sehr schmerzhaft empfunden); und das tut er überdies mit einer großen Selbstverständlichkeit: „*Wir Christen* sprechen ja (!) am Grab von der Auferstehung, von Ostern" (S 12). Es liegt nahe, daß sich die Abwehr der Frau an dieser Stelle weniger gegen den Inhalt der christlichen Botschaft richtet als gegen diesen Solidarisierungsversuch; daß sie sich gegen eine vorschnelle Vereinnahmung sperrt, weil sie noch gar nicht Frieden schließen *kann*. Sie hat noch zu viel Trauerarbeit zu leisten. Sie kann ihre Widerstände und Aggressionen, ihren Kampf, noch nicht aufgeben. Insofern *kann* sie in diesem Augenblick „Auferstehung" noch nicht „verstehen". So gesehen, bedeutet der Satz: „Auferstehung — das verstehe ich nicht" zugleich: hilf mir bitte dabei, daß ich bis zu einem Verstehen und Annehmen der Auferstehung komme. Und die Frage: „Sonntags haben Sie wohl zu viel zu tun?" ist wohl doch eine versteckte Bitte, sie wieder zu besuchen, wenn beide Zeit haben, weiter miteinander zu sprechen.

Ein Geburtstagsbesuch

Ein Ehepaar, Frau X ist 83 Jahre alt, ihr Mann wurde 79 Jahre, wird aus Anlaß des Geburtstages von Herrn X von einer Bezirkshelferin der Kirchengemeinde besucht. Es handelt sich um den zweiten Besuch der Bezirkshelferin bei diesem Ehepaar. Der erste Besuch lag ein Jahr zurück. Frau X öffnet der Besucherin (B):

B 1: Guten Tag.

Frau X 1: Ah, guten Tag, Fräulein B.

B 2: Ich bin gekommen, um Ihrem Gatten zum Geburtstag zu gratulieren.

Frau X 2: Kommen Sie doch herein, mein Mann kommt gleich.

B 3: Sie wollten schon Mittag essen?

Frau X 3: Ja, wir essen immer früh.

B 4: Ich will Sie auch nicht lange aufhalten, nur eben das Geburtstagskind begrüßen.

Frau X 4: Kommen Sie bitte herein in die Stube, mein Mann ist gleich da.

B 5: Wie geht es Ihnen, Frau X? Sie hatten doch auch in diesen Tagen Geburtstag!

Frau X 5: Ja, am ... wurde ich 83 Jahre alt.

B 6: Ich gratuliere Ihnen noch nachträglich sehr herzlich und wünsche Ihnen Gottes Segen. Herr Pastor Y war doch bei Ihnen am Geburtstag?

Frau X 6: Ja, heute vor einer Woche, am Dienstag, war er da. (Herr X tritt herein.)

B 7: Da sind Sie ja, Herr X! Ich bin gekommen, um Ihnen zu Ihrem gestrigen 79. Geburtstag sehr herzlich zu gratulieren. Gott segne Sie im neuen Lebensjahre.

Herr X 1: Dankeschön.

B 8: Wie geht es Ihnen denn, Herr X?

Herr X 2: Ach, nicht gut.

B 9: Die Beine wollen nicht mehr?

Herr X 3: Mit den Beinen ginge es noch, aber der Kopf — mir ist immer so schwindlig.

B 10: Sind Sie denn noch manchmal mit Ihrem Wagen ausgefahren?

Frau X 7: Nein, wir sind in diesem Winter nicht *einmal* weggewesen.

Herr X 4: Nein, den ganzen Winter steht der Wagen.

Frau X 8: Ach, er schafft es ja gar nicht mehr, bis zur Garage zu gehen. Und wenn wir noch mal fahren wollen, dann muß er erst noch ein bißchen üben, wir sind ja so lange nicht gefahren.

B 11: Haben Sie denn niemand, der Sie mal ausfährt?

Frau X 9: Die haben alle mit sich selber zu tun. Und wenn sie ausfahren, haben sie ihren Wagen voll, da ist für uns kein Platz mehr.

B 12: Haben Sie hinterm Hause einen Garten, so daß Sie mal draußen sitzen können bei diesem schönen Wetter?

Frau X 10: Ja, wir haben ein Stückchen Rasen, aber er liegt so an der Straße, das ist nicht angenehm zum Sitzen.

B 13: Sie haben aber hier in der Stube Sonnenschein, und das ist viel wert!

Frau X 11: Darüber freuen wir uns auch, aber nun sollen vor unsern Fenstern zwei Häuser gebaut werden, dann haben wir keine Sonne mehr.

B 14: Das könnte sein, daß die Sonne hier unten dann nicht mehr hereinscheint; aber Sie haben sie all die Jahre gehabt und können sie jetzt auch noch genießen.

Frau X 12: Das tun wir auch. Aber wir haben jetzt gar keinen Frühling mehr. Bis jetzt war es Winter, und nun ist es gleich Sommer. Einen schönen Frühling gibt es gar nicht mehr.

B 15: In den letzten Jahren war es wohl immer so, daß wir im März noch starken Frost hatten.

Herr X 5: Was haben wir für lange Winter!

B 16: Ich habe Ihnen noch eine Karte mitgebracht. Soll ich Ihnen auch etwas zum Lesen hierlassen?

Herr X 6: Ich kann nicht mehr lesen. Der Augenarzt kann mir auch nicht mehr helfen. Hier im Radio höre ich die Nachrichten.

B 17: Da kriegt man manchmal mehr mit als aus der Zeitung.

Frau X 13: Ja, das stimmt auch.

B 18: Nun will ich aber gehen, sonst wird Ihr Mittagessen kalt.

Frau X 14: In der Nachbarschaft liegt eine Frau noch über Tage. Die ist an Krebs gestorben. Sie hat ganz furchtbar leiden müssen. Wer weiß, wie es uns noch geht. Ich bin in diesem Winter auch so krank gewesen.

B 19: Was war es denn, hatten Sie Grippe?

Frau X 15: Vor Weihnachten hatte ich die Grippe, da habe ich vierzehn Tage gelegen. Da habe ich allerlei Medizin nehmen müssen, und dann bekam ich Magengeschwüre und Gallenblasenentzündung. Mir geht es immer noch nicht so gut wie im vergangenen Jahr.

B 20: Wenn man älter wird, dann geht es mit dem Erholen langsamer. Aber jetzt, bei dem schönen Sonnenschein wird es wieder werden.

Frau X 16: Man weiß es nicht. Hoffentlich haben wir nicht ein so langes Krankenlager mit viel Schmerzen. Es wäre gut, schnell einzuschlafen.

B 21: Früher betete man: Behüte mich vor einem schnellen, bösen Tod!

Frau X 17: Das tut heute keiner mehr, alle wünschen sich einen schnellen Tod. Aber wir können es uns ja nicht aussuchen.

B 22: Ich habe neulich gelesen, wir sollten nicht so viel daran denken, wie wir einmal sterben werden, sondern uns darauf freuen, was danach kommt.

Frau X 18: Ja, da werden wir ausruhen.

B 23: Ich denke, wir werden leben, und Leben ist Tun und Schaffen. Wie schön wird es sein, zu schaffen, ohne durch Krankheit gehindert zu werden. Das wird eine große Freude sein!

Frau X 19: Es war noch niemand da, der es uns sagen könnte.

B 24: Nein, es kann uns niemand etwas Bestimmtes sagen. Aber Freude wird bei Gott sein, und darauf dürfen wir uns freuen.

Herr X 7: Der kann mir auch nicht helfen.

Frau X 20: Er ist immer so mißmutig.

B 25: Da weiß ich einen hübschen Vers: Wer schon früh morgens dreimal schmunzelt, wenn's regnet, nicht die Stirne runzelt, und abends lacht, daß alles schallt, wird neunundneunzig Jahre alt. – Sehen Sie, Sie schmunzeln schon!

Herr X 8: Ob das hilft?

B 26: Ein bißchen schon! Auf Wiedersehn! Und alles Gute für's neue Lebensjahr.

Herr und Frau X: Schönen Dank für den Besuch. Auf Wiedersehn!

Die Besucherin braucht sich nicht mehr vorzustellen; sie wird von Frau X sogleich erkannt und hereingebeten, als sie den Anlaß ihres Besuchs erklärt. Sie sieht, daß die Vorbereitungen für das Mittagessen schon fortgeschritten sind — eine leise Unsicherheit befällt sie: sie kommt ungelegen. Deshalb will sie „nur eben das Geburtstagskind begrüßen", um dann wieder zu gehen. Gleichwohl wird sie von Frau X in die Stube gebeten. Die Zeit, in der Herr X auf sich warten läßt, nimmt sie zum Anlaß, Frau X zu fragen: „Wie geht es Ihnen?" Aber eine Antwort darauf wartet sie nicht ab. Ihr fällt plötzlich ein, daß Frau X auch Geburtstag gehabt hatte. Sie holt die Gratulation nach und fragt im selben Atemzug: „Herr Pastor Y war doch bei Ihnen am Geburtstag?" — ein deutliches Zeichen für eine leise Angst, es könnte etwas seitens der Kirche versäumt worden sein. Dadurch, daß diese Frage bejaht wird, ist die Besucherin selber entlastet.

In diesem Augenblick kommt Herr X herein. „Da sind Sie ja, Herr X!" Der etwas forsch-direkte Ton, mit dem sie „das Geburtstagskind" begrüßt (nicht umgekehrt!), ist nicht zu überhören. Es ist der Ton, der zu Geburtstagsbesuchen paßt. Wir erwarten bei Geburtstagsbesuchen, daß das „Geburtstagskind" strahlt, sich über die Aufmerksamkeiten, die ihm zuteil werden, freut, und daß es voller Dank über die Vergangenheit und voller Hoffnung im Blick auf die Zukunft ist.

Auffallend ist auf der anderen Seite der einsilbige Ton, mit dem Herr X auf den Glückwunsch reagiert. „Dankeschön." Und da nichts weiter kommt, muß B das Gespräch in Gang setzen: „Wie geht es Ihnen denn, Herr X?" Sie erhält wiederum eine einsilbige Antwort: „Ach, nicht gut." Das klingt deprimiert. B hatte das etwas mühsame Gehen beobachtet und fragt nach: „Die Beine wollen nicht mehr?" Man beachte in dieser Frage das abschließende „nicht mehr", das von vornherein mit der Mög-

lichkeit einer Besserung schon nicht mehr rechnet. Aber mit den Beinen „ginge es noch", sagt Herr X. Es ist viel schlimmer. Es ist der Kopf.
B aber bleibt bei den Beinen, die „nicht mehr wollen". Da kann man ja helfen. Sie erinnert sich, daß das Ehepaar X vor einem Jahr ab und zu mit dem Auto spazieren fuhr und fragt: „Sind Sie denn noch manchmal mit Ihrem Wagen ausgefahren?" Herr und Frau X reagieren auf diese Frage beide. Nicht *einmal* sind sie weggewesen, und es besteht auch keine Aussicht, daß dies noch einmal möglich wird: „Ach, er schafft es ja gar nicht mehr..." Daraus spricht eine tiefe Resignation, auf die B ihrerseits nun reagiert: „Haben Sie denn niemand, der Sie mal ausfährt?" Der leicht aggressive Ton, der in dieser Frage liegt, zeigt, wie B sich gegen die Resignation, die ihr entgegenkommt, wehren muß. Nun kommt auch in das, was Frau X sagt, ein aggressiver Ton: „Die haben alle mit sich selber zu tun." Der Schluß klingt bitter: „Da ist für uns kein Platz mehr." Das bezieht sich gewiß nicht nur auf den Platz im Auto. Das ist eine allgemeine, schmerzhafte Erfahrung.
Die Besucherin befällt ein wenig Ratlosigkeit. Da ist also nichts zu machen. Sie spürt die Resignation und Bitterkeit, in der diese beiden Menschen gefangen sind. Sie sucht eine Öffnung, durch die sie die beiden Alten aus ihrer Verzweiflung herausführen kann: „Haben Sie hinterm Haus einen Garten, so daß Sie mal draußen sitzen können bei diesem schönen Wetter?" (B 12). Frau X bejaht zwar, daß sie ein „Stückchen Rasen" haben, jedoch mit einem „aber" gibt sie zu erkennen, daß dies kein Ausweg ist. Was nun folgt, läßt einen Mechanismus erkennen, der sich durch den ganzen ersten Teil des Gesprächs hinzieht: die Besucherin steckt immer weiter zurück, in der Hoffnung, daß sie auf diese Weise doch *eine* positive Zustimmung (d. h. ein Stückchen positive Stimmung) zu hören bekommt. Sie hatte angefangen bei der Autofahrt, fragte dann, ob es nicht die Möglichkeit gäbe, einmal mitgenommen zu werden, und, als es auch damit nichts war, fragt sie nach dem Gärtchen hinter dem Haus. Als auch dieser Versuch fehlschlägt, fragt sie nicht mehr. Der nächste Satz ist eine Feststellung (B 13). Die schrittweise Reduktion ist bei der Stube angelangt, wo sie im Augenblick sitzen. Dahinter kann man eigentlich nicht mehr zurück: „Sie haben aber hier in der Stube Sonnenschein, und das ist viel wert!" Das „aber" der Besucherin wird sogleich mit einem „Ja — aber" von Frau X beantwortet: „Darüber freuen wir uns auch, *aber* nun sollen vor unseren Fenstern zwei Häuser gebaut werden, dann haben wir keine Sonne mehr." Sie bringt damit zum Ausdruck, daß die Sonne, die in die Stube scheint, auch nicht trösten kann. B läßt das wiederum nicht gelten. Wenn die Sonne in der Zukunft viel-

leicht auch nicht scheint, so sollten sie doch damit zufrieden sein, daß sie all die Jahre geschienen hat und den Augenblick genießen: „Das könnte sein, daß die Sonne hier unten dann nicht mehr hereinscheint; aber (!) Sie haben sie all die Jahre gehabt und können sie jetzt auch noch genießen." Aus der Antwort von Frau X klingt etwas Ungeduld, als ob sie sagen will: bitte, versteh mich doch! Sie sagt: „Das tun wir auch. *Aber* wir haben jetzt gar keinen Frühling mehr ..." Dabei ist auffallend, daß dies Gespräch an einem schönen Sonnentag Anfang April stattfindet, und daß die Sonne hell in das Zimmer scheint. Wir ahnen, daß hier nicht nur von den Jahreszeiten die Rede ist, wenn Frau X sagt: „Wir haben *jetzt* gar *keinen* Frühling *mehr*" und wenn Herr X seufzt: „Was haben wir für lange Winter!" — ein Satz, der in einen nicht endenwollenden, trüben Winternachmittag paßt. Wenn wir den Satz „Einen schönen Frühling gibt es gar nicht mehr" (Frau X 12) ergänzen durch die beiden Worte „für uns", und uns vor Augen halten, daß dies an einem strahlenden Frühlingstag gesprochen wird, dann kommen wir dem Sinn dieser Worte ganz nahe. Für diese beiden alten Menschen scheint die Sonne nicht mehr. Für sie gibt es keinen (schönen) Frühling mehr.

Das hat B nicht verstanden. Sie sagt (indem sie das Absolute in den Worten von Frau X zu relativieren sucht): „In den letzten Jahren war es wohl immer so, daß wir im März noch starken Frost hatten" (B 15). Und dennoch hat sie (ohne daß sie sich dessen bewußt wird) verstanden. Denn nun weiß sie nichts mehr zu erwidern. Hier kann sie nur noch fliehen. Sie möchte etwas dalassen, um selber fortzukönnen: „Ich habe Ihnen noch eine Karte mitgebracht. Soll ich Ihnen auch etwas zum Lesen hierlassen?" (B 16). Dies Angebot wird von Herrn X nicht angenommen. „Ich kann nicht mehr lesen." Sein Hinweis, daß er die Nachrichten aus dem Radio höre, wird von B wiederum positiv zu verwerten gesucht: „Da kriegt man manchmal mehr mit als aus der Zeitung." (B 17). Frau X stimmt zu — die erste und einzige Zustimmung, die B in diesem Gespräch erfährt! Sie bedient sich gegenüber ihrem Mann desselben Mechanismus wie die Besucherin (in Frau X 20 versucht sie sogar, sich mit B gegenüber ihrem Mann zu solidarisieren, weil sie mit ihrer eigenen Hilflosigkeit ihm gegenüber nicht fertigwird).

B nimmt einen zweiten Anlauf, das Feld zu räumen: „Nun will ich aber gehen, sonst wird Ihr Mittagessen kalt" (B 18) — sie erhofft im stillen, daß dies Argument es ihr möglich macht, mit einem „guten Grund" sich zu verabschieden. Aber Frau X hält sie fest. Sie überhört einfach die Abschiedsworte von B. Offenbar muß sie noch etwas sehr Wichtiges loswerden. Sie erzählt von einem Sterbefall in der Nachbarschaft. Eine Frau ist

an Krebs gestorben. „Sie hat ganz furchtbar leiden müssen. Wer weiß, wie es uns noch geht. Ich bin in diesem Winter auch so krank gewesen." Die Krankheit und der Tod dieser Frau sind ihr offenbar sehr nahe gegangen, so nahe, daß sie sich mit ihr identifiziert: „Ich bin in diesem Winter *auch so* krank gewesen." Sie fürchtet, daß es ihr und ihrem Mann genauso ergehen könnte: „Wer weiß, wie es uns noch geht."
B erkundigt sich: „Was war es denn, hatten Sie Grippe?" Das klingt sehr distanziert. Hört man auf die Gefühle von Frau X, dann wird deutlich, daß sie mit ihrer Frage ganz und gar nicht bei den Befürchtungen und Ängsten von Frau X ist. Die aber erzählt weiter und endet mit dem Satz: „Mir geht es immer noch nicht so gut wie im vergangenen Jahr" — das heißt: ich bin nicht wieder richtig gesund geworden. B spürt das Bedrohliche hinter den Worten dieser Frau, denn sie versucht es zu mildern mit dem Hinweis, daß man sich halt in dem Alter langsamer erhole — und dann kommt wieder der Hinweis auf die Sonne, die doch, wie wir sahen, für die beiden alten Menschen nicht mehr scheint: „Aber jetzt, bei dem schönen Sonnenschein, wird es wieder werden" (B 20). Frau X aber läßt sich auf diese Weise nicht ermuntern. Sie zweifelt B's Argumentation an und wehrt die Ermunterung ab. Statt dessen spricht sie nun offen über ihr eigenes Sterben: „Man weiß es nicht. Hoffentlich haben wir nicht ein so langes Krankenlager mit viel Schmerzen. Es wäre gut, schnell einzuschlafen."
Wer diese oder ähnliche Worte auf sich wirken läßt, der weiß, wie schwer sie für den Zuhörer zu ertragen sind. Er spürt in sich selber Gefühle von Abwehr aufsteigen und versteht B's Reaktion. Sie korrigiert Frau X. Sie sagt ihr eigentlich: so etwas darf man nicht sagen: „Früher betete man: Behüte mich vor einem schnellen, bösen Tod!" Frau X wehrt sich: „Das tut heute keiner mehr..." Darauf versucht B, Frau X den Gedanken an das Sterben überhaupt zu verwehren; dabei sucht sie Verstärkung durch den Hinweis auf eine — wenn auch anonyme — Autorität: „Ich habe neulich gelesen, wir *sollten nicht* so viel daran denken, wie wir einmal sterben werden, sondern uns darauf freuen, was danach kommt" (B 22). Frau X antwortet: „Ja, da werden wir ausruhen" — aber das klingt B immer noch zu negativ in den Ohren, und wieder korrigiert sie: „Ich denke (!), wir werden leben, und Leben ist Tun und Schaffen...", und sie verstärkt des Positive durch regelrechte Ausrufe: „Wie schön wird es sein... eine große Freude..." (B 23).
Frau X's Antwort klingt ernüchternd und skeptisch: „Es war noch niemand da, der es uns sagen könnte", worauf B, etwas leiser zwar, aber doch bestimmt, ihre Position behauptet: „Nein, es kann uns niemand et-

was Bestimmtes sagen. *Aber* Freude wird bei Gott sein, und darauf können wir uns freuen" (B 24).

Nun schaltet sich noch einmal Herr X (den B ja eigentlich besuchen wollte und der kaum zu Wort gekommen ist) ein. B hat diesen Satz nicht ganz verstanden: „Der kann mir auch nicht helfen." Zunächst vermutet sie, daß Herr X noch immer bei seinen Augen ist und, wie in seinem letzten Gesprächsbeitrag (Herr X 6), den Arzt meint. Aber sie räumt ein — wenn auch widerstrebend, weil sie dies harte Wort nicht gern wahrhaben möchte —, daß Herr X den meint, den sie selber gerade gemeint hat: Gott. Und im Lauf der Gesprächsanalyse kommt sie drauf, daß sie selber vielleicht Anlaß zu diesem harten Satz gegeben hat. Sie selber war ganz und gar unfähig, irgendetwas Helfendes zu tun oder auch nur zu sagen. Und sie kam ja im Namen der Kirche, im Namen Gottes.

Auch für Frau X ist dies Wort zu hart. Halb tadelnd, halb entschuldigend sagt sie, zu B gewandt: „Er ist immer so mißmutig." B hört daraus das, was sie gern hören möchte, nämlich: er hat immer so schlechte Laune. Und dagegen hat sie etwas, ein Sprüchlein, eine Art Lebensweisheit (die immer nur für diejenigen Gültigkeit hat, die ihr Leben bewältigen), mit Humor gewürzt, und siehe da: sie erreicht ihr Ziel: „Sehen Sie, Sie schmunzeln schon!"

In der Tat schmunzelt Herr X, und schmunzelnd fragt er: „Ob das hilft?" B läßt sich nun nicht mehr zurückhalten. „Ein bißchen schon." Und schnell, ehe Frau X oder Herr X noch weiteres einwenden können, verabschiedet sie sich: „Auf Wiedersehn! Und alles Gute fürs neue Lebensjahr."

Als B dies Protokoll ihrer Gruppe vorlegt, rechnet sie es sich zunächst als Erfolg an, daß sie Herrn X zum Schmunzeln gebracht habe. Sie sagte, sie hätte sehr viel Mühe aufwenden müssen, um die düstere Stimmung ein wenig aufzuhellen. Und zum Schluß, durch den scherzhaften Vers, sei ihr dies auch gelungen. Die Gruppe knüpfte bei ihrer großen Mühe an und fragte nach, was es denn gewesen sei, das sie mit so großem Aufwand und innerer Anstrengung hätte überwinden müssen. Auf diesem Wege wurde ihr allmählich deutlich bewußt, was sich für ein Kampf in diesem Gespräch abgespielt hatte. Sie kämpfte gegen *ihre eigene* Resignation an, in die sie sich angesichts der Resignation der beiden alten Menschen gedrängt fühlte: in dem ersten Teil des Gesprächs mußte sie ja buchstäblich Schritt für Schritt zurückstecken (resignare heißt, seine Feldzeichen zurückstecken). *Sie selber* ertrug die negativen Gefühle, mehr noch: die Negation des Lebens überhaupt nicht. Sie wehrte sich mit allen

Mitteln, die ihr zur Verfügung standen, gegen diese negativen Gefühle, die *sie selber* empfand. Und zugleich wehrte sie sich gegen diejenigen, die von diesen Gefühlen bestimmt waren. Sie wehrte ab. Sie ließ Angst und Resignation, Bitterkeit und Aggression nicht zu, weder bei sich noch bei ihren Gesprächspartnern. Auch der Hinweis auf das Leben nach dem Tod ist in diesem Zusammenhang bestimmt von der Abwehr. Deswegen konnte auch dieser Hinweis nicht zur Verkündigung werden.

B war auf einen Geburtstagsbesuch programmiert. Ihr ging hier auf, wieviele negative Gefühle auf Geburtstagen älterer Menschen in der Regel abgewehrt werden ...

Gespräche mit einer Abweisenden

Die folgenden Gespräche führt eine Seelsorgerin mit einer etwa 40jährigen Frau, die in einem Krankenhaus in einem Einzelzimmer liegt. Von den Schwestern der Station hatte die Seelsorgerin zuvor erfahren, daß sie nur sehr schwer Kontakt zu der Patientin bekämen.

1. Besuch

S 1: stellt sich vor.
P 1: So ...
S 2: Darf ich fragen, wie es Ihnen geht?
P 2: Mir geht es immer schlecht, heute besonders ... Ich möchte keinen Besuch, es strengt mich zu sehr an.
S 3: Dann komme ich vielleicht ein andermal wieder.
P 3: (abweisend) Ja.

2. Besuch (14 Tage später. Im Zimmer ist Besuch.)

S 1: Sie haben Besuch, dann will ich nicht stören. Geht es Ihnen heute etwas besser?
P 1: Mir geht es immer gleich schlecht.
S 2: Wechselt es nicht? Kürzlich meinten Sie doch, es wäre besonders schlecht —
P 2: Das kann ich nie gesagt haben, mein Befinden ist immer gleich schlecht, das ändert sich nicht ... ich habe nämlich MS! (Die Besucherinnen nicken: „das ist schlimm!")
S 3: Ja, das ist eine schwere Krankheit. Ich will Sie nun aber nicht länger stören.

3. Besuch (wiederum 14 Tage später. Die Patientin sitzt in einem Stuhl am Fenster. Ein Radio spielt.)

S 1: Frau X, kann ich Ihnen heute ‚Guten Tag‘ sagen, paßt es?
P 1: Ja, meinetwegen. (Stellt das Radio ab. Es entsteht eine Pause. S nimmt sich einen Hocker und setzt sich neben die Frau. Der Hocker ist niedriger als der Stuhl, auf dem Frau X sitzt.)
S 2: Sie sitzen heute im Stuhl — eine gute Veränderung?
P 2: Zum ersten Mal wieder seit 14 Tagen. Ja, es ist schön, diese andere Lage.

Wenn auch der Blick in diese Landschaft ... (Pause. Draußen ist es grau. Es schneit. Man sieht Baracken.)

S 3: Es ist nicht gerade aufmunternd.

P 3: Es wird ja auch nie anders. Früher konnte ich noch laufen. Jetzt — Bett — Stuhl, es ist furchtbar, gar keine Aussicht auf Besserung. Nun noch die Blasengeschichte dazu. Man weiß gar nicht ...

S 4: Wenn das so ist — was macht man hier in der X-Klinik mit Ihnen?

P 4: Ich hatte mir etwas von einer Operation versprochen, aber die wird nun nicht gemacht ... Im Y-Krankenhaus haben sie es auch mal probiert, es ist eine spastische Sache an den Beinen ... so ist das ...

S 5: Und wie lange ist das schon so, wie lange tragen Sie diese Belastung schon?

P 5: Angefangen hat es 19.., beim Fernsehen versagte mein Auge. Wir hatten hart gearbeitet, ein Haus gebaut, erst dachten wir an Überanstengung. Ich ging ins Z-Krankenhaus auf die Augenstation, dann kam ich auf die Neurologie. Und das war falsch, daß ich dahin gegangen bin. Nun die Vorwürfe und Gedanken, die man sich macht: wärest du nicht, hättest du nicht ... und nun ist nichts mehr zu ändern, jetzt nicht mehr.

S 6: Sie sehen keinen Sinn —

P 6: (heftig) überhaupt nicht, wo denn, wie denn? Da gibt es keinen Sinn. Man denkt nur immer, was man alles versäumt hat ...

S 7: ... und nicht mehr nachholen kann —

P 7: Eben, das ist es — alles geht so an einem vorüber, das ganze Leben ... (Pause).

S 8: Ich versuche mir vorzustellen, wie das ist. Es gelingt mir schwer.

P 8: Das können Sie auch nicht, das geht nicht, das kann kein anderer. Das muß ich alleine tragen.

S 9: Und Ihr Mann?

P 9: Der trägt auch sehr daran, nur anders. Überhaupt die ganze Familie. Ich habe zwei Söhne. Der jüngste sagt schon immer: Mutti, wenn ich deine Beine so sehe ... Die leiden alle darunter. Hier kriege ich nun neue Tabletten, die bekommen mir auch ganz gut vom Magen her. Gestern hat mein Mann mir ein Stück Aal mitgebracht, vorgestern was vom Hähnchen, das war schön. (Das Gespräch kommt auf Verwandtenbesuche und auf die dabei zurückzulegenden Entfernungen. Dann unvermittelt:) Wissen Sie, es ist schon so, manchmal denke ich, es ist das Beste, wo es ja doch nur schlimmer statt besser wird: Strick um den Hals — weg. So was denke ich manchmal. Vielleicht die beste Lösung ...

S 10: Sie sehen manchmal keine Möglichkeit mehr für sich — (kämpft innerlich mit „Trost"-Angeboten). Sie kommen sich völlig hilflos vor —

P 10: Das ist das Schlimmste, so auf die Hilfe der anderen angewiesen zu sein — und dann muß man noch immer „danke" sagen. Nichts kann man allein, nicht die kleinsten Sachen. Die anderen können alles, ich nichts mehr.

S 11: Das kann ich mir schon eher vorstellen — einerseits sind Sie wirklich froh, daß Ihnen geholfen wird, wirklich auch dankbar; andererseits fühlen Sie sich dadurch so abhängig, daß Sie um sich werfen möchten —

P 11: Genau — das ist so — so erdrückend, ja, richtig erdrückend. Man kann dadurch nicht richtig leben. Zuviel Freundlichkeit kann man nicht ertragen ... (Pause). Sehen Sie mal, meine Haare (lächelt). Gestern habe ich gebadet,

Haare gewaschen, jetzt fallen sie mir immer ins Gesicht und ins Essen. (Längeres Gespräch über Haare, Perücken usw., dann:) Eigentlich wollte ich schon um vier Uhr wieder im Bett sein. Wenn ich länger so sitze, wird mir leicht schwindelig.

S 12: Frau X, wenn ich in der nächsten Woche wieder hier bin, soll ich dann mal wieder auf einen Schwatz hereinkommen?

P 12: Das tun Sie nur, das wäre fein!

Im ersten Besuch ist die Patientin ganz und gar Abweisung. Ihr Blick, ihre Haltung und ihre Worte geben zu erkennen, daß sie den Besuch nicht wünscht. Mit den Worten: „Es strengt mich zu sehr an", versucht sie, der Seelsorgerin (und sich selber) ihre Abweisung annehmbar zu machen. Sogar das „Ja" auf die abschließenden Worte der Seelsorgerin: „Dann komme ich vielleicht ein andermal wieder" klingt mehr nach einem Nein.

Die Seelsorgerin respektiert den Wunsch der Patientin und entfernt sich. Der 2. Besuch verläuft nicht viel anders. Die Seelsorgerin ist sehr unsicher, als sie das Zimmer betritt, und als sie den Besuch bemerkt, tritt sie sogleich den Rückzug an: „Sie haben Besuch, dann will ich nicht stören." Dennoch wagt sie, die Türklinke gleichsam schon in der Hand, noch einen kleinen Vorstoß: „Geht es Ihnen heute etwas besser?" — wobei sie deutlich an den ersten, gescheiterten Besuch anknüpft. Doch wird sie — fast mit den gleichen Worten wie das erste Mal — brüsk zurückgewiesen: „Mir geht es immer gleich schlecht!" Mit anderen Worten: es lohnt gar nicht, danach zu fragen, und ich wünsche es auch nicht, danach gefragt zu werden.

Die Seelsorgerin ist von der neuerlichen Abweisung betroffen. Sie kann sich nicht so schnell damit zufriedengeben. Sie versucht, ihre Frage zu rechtfertigen und hinterfragt damit zugleich die Antwort der Patientin: „Wechselt es nicht? Kürzlich meinten Sie doch, es wäre besonders schlecht." Doch damit verstärkt sie nur die Abwehr ihrer Gesprächspartnerin (P 2). Die Aussage: „Ich habe nämlich MS!" trifft sie wie eine Ohrfeige. Die Besucherinnen nicken zustimmend. Die Seelsorgerin ist in diesem Raum isoliert. Sie zieht sich zurück: „Ja, das ist eine schwere Krankheit. Ich will Sie nun aber nicht länger stören."

Daß es noch zu einem dritten Besuch kam, ist einem Kollegen der Seelsorgerin zu verdanken, der ebenfalls auf der fraglichen Station zu tun hatte. Er hörte von den Schwestern, wie es um diese Patientin bestellt sei, sprach die Seelsorgerin daraufhin an und ermunterte sie, einen weiteren Besuch zu wagen.

Diesmal trifft sie die Patientin außerhalb ihres Bettes an: sie sitzt auf
einem Stuhl und schaut zum Fenster hinaus. Sehr vorsichtig fragt die
Seelsorgerin an, ob sie ihr heute ‚Guten Tag' sagen könnte, ob es paßte.
Die Antwort klingt noch sehr unfreundlich-abweisend: „Ja, meinetwegen." Daß sie dann aber das Radio abstellt, ist ein wichtiges Signal. Sie
ist zu einem Gespräch bereit. Aber sie kommt der Seelsorgerin nicht entgegen. Es entsteht eine Pause. Doch in dieser Pause geschieht etwas Wichtiges. Die Seelsorgerin setzt sich zu der Frau, und die Frau läßt dies zu.
Für die Beziehung, die sich jetzt anspinnt, ist vielleicht wichtig, daß die
Seelsorgerin nicht *über* der Patientin sitzt, sondern daß sie einen Hocker
erwischt hat, der niedriger ist als der Stuhl der Patientin. Die Gesprächseröffnung durch die Besucherin ist wiederum von großer Vorsichtigkeit
gekennzeichnet. Sie spricht die veränderte Situation an und fragt, ob dies
eine gute Veränderung sei. Die Patientin bejaht dies, schränkt es aber sofort wieder ein: „Wenn auch der Blick in diese Landschaft . . ." Sie führt
den Satz nicht zu Ende. Die Seelsorgerin folgt ihrem Blick nach draußen
und sagt: „Es ist nicht gerade ermutigend." Worauf die Patientin unversehens über sich selbst spricht: „Es wird ja auch nie anders . . ." Das
heißt, daß die trübe Landschaft draußen ihrem inneren Zustand entspricht. Indem sie über das Wetter draußen sprach, wollte sie etwas von
sich selber mitteilen. Sie redete von einer anderen „Aussicht", nämlich:
„gar keine Aussicht auf Besserung . . . Man weiß gar nicht . . ." Wieder
führt sie den Satz nicht zu Ende. Was sie sagen *will*, aber nicht kann, ist
deutlich: „Man weiß gar nicht, *wie das einmal enden soll.*" Auch die
Seelsorgerin spürt das Bedrohliche dessen, was nicht ausgesprochen wird.
Es bringt sie in Bedrängnis. Unüberhörbar spricht aus ihrer nächsten
Frage ihre eigene Ratlosigkeit: „Wenn das so ist — was macht man hier
in der X-Klinik mit Ihnen?" Die Patientin bringt ihre Enttäuschung
darüber zum Ausdruck, daß nichts Durchgreifendes (Operation) gemacht
werden kann und endet mit den Worten: „So ist das . . ." Diese Auskunft ist nicht dazu geeignet, die Seelsorgerin zu entlasten. Durch eine
Informationsfrage versucht sie, sich etwas Luft zu schaffen: „Und wie
lange ist das schon so, wie lange tragen Sie diese *Belastung* schon?" Die
Patientin erzählt kurz die Stationen ihrer Krankengeschichte, um dann
aber sogleich wieder auf sich selbst und ihre Gefühle zu sprechen zu
kommen: „Nun die Vorwürfe und Gedanken, die man sich macht: wärest du nicht, hättest du nicht . . . und nun ist nichts mehr zu ändern,
jetzt nicht mehr" (P 5). Die Seelsorgerin versucht zu verstehen: „Sie sehen keinen Sinn —" worauf ihre Gesprächspartnerin ihr ins Wort fällt.
Ihre Worte klingen heftig, aggressiv: „überhaupt nicht, wo denn, wie

denn? Da gibt es keinen Sinn. Man denkt nur immer, was man versäumt hat ..." Die Seelsorgerin hatte sie in der Tat verstanden. Und auch jetzt ist sie so in den Empfindungen und Gedanken der Patientin drin, daß sie deren Worte einfach fortsetzt: „... und nicht mehr nachholen kann —" Die Patientin fühlt sich verstanden: „Eben, das ist es ..."

Die Seelsorgerin ist der Patientin sehr nahe gekommen. Aber gerade in dieser Nähe, in der sie die Patientin versteht und diese sich ganz von ihr verstanden fühlt, wird sie dessen gewahr, daß ihre Gesprächspartnerin ein *anderer* Mensch mit einem *eigenen* Schicksal ist, das sich sehr von ihrem eigenen Schicksal unterscheidet. Das spricht sie auch aus: „Ich versuche mir vorzustellen, wie das ist. Es gelingt mir schwer" (S 8). In der Gesprächsanalyse erzählt sie, daß sie eigentlich über den ruhigen Ton der Antwort darauf überrascht gewesen sei. Sie hätte erwartet, daß die Patientin heftig darauf reagiert haben würde. Diese sagt aber ruhig: „Das können Sie auch nicht, das geht nicht, das kann kein anderer. Das muß ich allein tragen" (P 8). Offenbar fühlt sie sich nicht von der Seelsorgerin zurückgestoßen. Das Gegenteil ist der Fall: sie fühlt sich in ihrer Krankheit und mit ihrem Schicksal ernst genommen. Hätte die Seelsorgerin versucht, sich mit ihr zu identifizieren („Das kann ich mir gut vorstellen"), so hätte die Patientin das aller Wahrscheinlichkeit nach zurückgewiesen („Das können Sie sich gar nicht vorstellen!"), aus dem Bedürfnis heraus, ihr ganz persönliches Geschick, mit dem sie selber fertig werden muß, respektiert zu wissen.

Der Satz: „Das muß ich allein tragen" ruft nun wieder bedrängende Gefühle bei der Seelsorgerin hervor. Sie sucht gleichsam nach jemandem, der ihr tragen hilft: „Und Ihr Mann?" Ihr Mann trägt auch sehr daran, sagt die Frau, „nur anders". Das Schicksal kann er ihr nicht abnehmen. Sie spricht nun über Familien- und Verwandtenbesuche, um dann unvermittelt und für die Seelsorgerin überrumpelnd zu sagen: „Wissen Sie, es ist schon so, manchmal denke ich, es ist das Beste, wo es ja doch nur schlimmer statt besser wird: Strick um den Hals — weg. So was denke ich manchmal. Vielleicht die beste Lösung ..." (P 9).

Dies ist für die Seelsorgerin die bedrohlichste Stelle im ganzen Gespräch. Wie soll sie hier reagieren? Sie möchte die Frau von diesen Gedanken abbringen. Sie möchte trösten, ermuntern, stützen, helfen, ermahnen, warnen. Und sie kann es doch nicht. Sie hat das Gefühl: wenn ich etwas in der Richtung tue, dann lasse ich die Frau im Stich. Sie ahnt, daß alle Tröstungs- und Beschwichtigungsversuche in diesem Augenblick unangemessen wären und von der Frau selber nicht angenommen würden. Sie befürchtet, daß sie nur *ihre eigene* Angst beschwichtigen und *ihre eigene*

Ratlosigkeit verdecken würde. Und so versucht sie nur, die Frau in ihrer Verzweiflung zu verstehen: „Sie sehen manchmal keine Möglichkeit mehr für sich — Sie kommen sich völlig hilflos vor . . .“

Es ist bemerkenswert, daß dadurch die Verzweiflung der Patientin nicht etwa vergrößert wird (wie man befürchten könnte), sondern daß sie auf den Gedanken der Seelsorgerin eingeht. Sie nimmt ihn auf, als sei es ihr eigener Gedanke. Sie sagt, daß eben dies das Schlimmste sei: auf die Hilfe der anderen angewiesen zu sein und dabei immer noch „danke“ sagen zu müssen. Die Seelsorgerin bringt es fertig, in ihrem nächsten Satz (S 11) die sich widerstreitenden Gefühle der Frau sehr treffsicher anzusprechen: „Das kann ich mir schon eher vorstellen — einerseits sind Sie wirklich froh, daß Ihnen geholfen wird, wirklich auch dankbar; andererseits fühlen Sie sich dadurch so abhängig, daß Sie um sich werfen möchten —“ Die Patientin bestätigt, daß sie sich genau verstanden fühlt. Sie sagt: „Genau“, und ist dann in der Lage, ihrerseits ihr Bedrücktsein, mehr noch: ihr Erdrücktwerden zu äußern: „Das ist so — so erdrückend, ja, richtig erdrückend. Man kann dadurch nicht richtig leben. Zuviel Freundlichkeit kann man nicht ertragen . . .“ Die Art und Weise, wie sie dies sagt, läßt den Schluß zu, daß sie dies so hier zum ersten Male äußert, ja, daß sie sich dessen in diesem Gespräch überhaupt zum ersten Male so deutlich bewußt wird. Es klingt, als ob sie durch das Finden des Wortes „erdrückend“ ein Stück erleichtert ist: „Das ist so — so erdrückend, ja, richtig erdrückend.“ Daß sie dies äußern (das heißt doch: nach außen setzen) kann, schafft ihr Erleichterung. Anders wäre der überraschende Umschwung an dieser Stelle nicht zu erklären. Da ist ein Stück Druck weggefallen. Die Frau lächelt. Sie sagt: „Sehen Sie mal, meine Haare“ — sie erlebt ihre Haare wieder als Schmuck ihres Frauseins. Sie sagt: „Gestern habe ich gebadet, Haare gewaschen“ — es fällt auf, daß sie sagt, sie habe dies getan (in P 10 hatte sie noch gesagt: die andern können alles, ich kann nichts mehr!); das Gespräch läuft entspannt aus, die Frau gibt zu erkennen, daß sie das Gespräch abzuschließen wünscht. Die Seelsorgerin verabschiedet sich, indem sie fragt, ob sie noch einmal „auf einen Schwatz“ (die Entspannung wirkt noch nach) hereinkommen dürfe, und die Patientin antwortet sehr zustimmend: „Das tun Sie nur, das wäre fein.“

Nach den beiden Fehlversuchen ist der Ausgang dieses Gesprächs eine Überraschung. Die Seelsorgerin selber hätte dies nie zu erwarten gehofft. Sie fragte sich, warum sie die beiden ersten Male so schroff zurückgewiesen worden war. Die Antwort darauf gibt die Patientin in diesem Gespräch selber. Jegliche Art von Hilfsangeboten erlebt sie als erdrückend.

„Zuviel Freundlichkeit kann man nicht ertragen." Sie wird dadurch nur in ihrer Abhängigkeit von anderen („Die anderen können alles, ich nichts mehr") festgenagelt. Dagegen wehrt sie sich. Sie will *leben* („Man kann dadurch nicht richtig leben"). Das Auftauchen der Seelsorgerin verstärkte in ihr zunächst die Angst, erdrückt zu werden, denn deren Rolle ist ja, Trost, Rat und Hilfe zu bringen. Erst, als sie nicht mehr *so* hilflos war, als sie sitzen durfte, ließ sie — zunächst noch zögernd — die Seelsorgerin zu. Die tat mit dem niedrigen Hocker einen guten Griff (ohne zu wissen, was sie tat), denn auf diese Weise wirkte sie weniger „erdrückend".

Aber sie vermied dann auch im Gespräch selbst alles, was auf die Patientin erdrückend hätte wirken können. Sie ließ ihr ihr persönliches Schicksal. Weder relativierte sie es durch eine falsche Solidarität (vgl. S 8), noch versuchte sie, mit Trostangeboten das Geschick zu erleichtern: sie hätte das genaue Gegenteil erreicht, nämlich das Gefühl des Erdrücktwerdens verstärkt. Geholfen hat sie der Frau dadurch, daß sie versuchte, sie ernst zu nehmen und zu verstehen. Geholfen hat sie, indem sie *sich selber* als Gesprächspartnerin anbot und darauf verzichtete, mit Gründen und Argumenten helfen zu wollen. Das Ergebnis: die Frau kann sich wieder ein wenig selber akzeptieren (vgl. P 11).

Gespräch in einem Erholungsheim

Es ist Sonntagnachmittag. Nach dem Kaffeetrinken spielt die Heimleiterin mit einer 66jährigen, unverheirateten Frau, die dort zur Kur weilt, eine Partie Halma. Die Heimleiterin (S) gewinnt das Spiel. Darauf sagt die Frau (Kl.):

Kl 1: Ja, Sie können das besser. Ich bin jetzt sehr aus der Übung. Früher habe ich viel gespielt, auch zu Hause. Aber jetzt geht das nicht mehr so.

S 1: Worauf führen Sie das zurück?

Kl 2: Ja, man ist halt nicht mehr die Jüngste. Sehen Sie, meine Hände sind etwas steif. Ich habe auch viel gearbeitet in meinem Leben. Während des Krieges habe ich in einem Lazarett gekocht. Nach dem Krieg haben meine Chefin und ich zuerst eine Raststätte in B gehabt. Jetzt hat sie eine bei S. Ich war zuletzt dort als Geschäftsführerin. Wir arbeiten jetzt schon 20 Jahre zusammen. Zuerst waren die Kinder noch klein. Aber es sind meine Kinder so gut wie ihre. Die gehorchen mir oft mehr als der Chefin.

S 2: Wie kommt das?

Kl 3: Ich meine jetzt die Enkel. Die sind oft bei mir, und zu den Feiertagen werde ich auch dort in der Familie sein. Ich nehme mir etwas mehr Zeit für die Kinder, lese ihnen etwas vor oder mache Witze mit ihnen. Das mögen Kinder ja gern.

S 3: Sie sind also selten allein?

Kl 4: Ich könnte jeden Tag draußen sein und im Betrieb mitarbeiten. Die Chefin ruft auch immer an, wenn sie mich braucht. Aber ich möchte auch manchmal für mich sein. Morgens frühstücke ich in aller Ruhe, höre Radio oder habe das Fernsehen an. Ich habe auch zwei Wellensittiche, aber die sprechen nicht. Bekannte von mir haben auch zwei Vögel, die sprechen viel. Aber meine tun's nicht. Dann mache ich meine kleine Wohnung, und oft muß ich dann zum Arzt gehen. Im Alter stellt sich ja manches ein.

S 4: Sie haben nie Langeweile?

Kl 5: Nein, ich finde immer Beschäftigung. Nachmittags holt die Chefin mich oft ab. Dann helfe ich im Betrieb. Aber abwaschen mag ich nicht gern. Dann rufe ich die Mädchen. Ich kontrolliere gern die Belege. Und wenn etwas Besonderes zu kochen oder anzurichten ist, das mag ich auch gern.

S 5: Sie arbeiten nur, was Ihnen Spaß macht?

Kl 6: Ich habe im Leben viel gearbeitet, und jetzt will ich es einmal gut haben. Das ist so schön, wenn man alles mehr in Ruhe machen kann.

Die Gruppe, der dies Gespräch vorgelegt wurde, meinte einstimmig, hier sei das Problem des Alterns und der Einsamkeit einmal ideal gelöst. Die Frau hat ein erfülltes Leben gehabt, sie hat in einer verantwortlichen Position gearbeitet. Dabei hatte sie Familienanschluß, der auch jetzt noch, wo sie sich zur Ruhe gesetzt hat, besteht. Wenn sie Lust hat, noch etwas zu tun, dann hat sie dazu die Gelegenheit, wobei sie sich das aussuchen kann, was ihr Spaß macht. Die drei Fragen, die die Heimleiterin der Frau stellt: „Sie sind also selten allein? Sie haben nie Langeweile? Sie arbeiten nur, was Ihnen Spaß macht?" werden positiv beantwortet.

Aber ehe wir das Gespräch befriedigt beiseitelegen, lesen wir es noch einmal durch. Da verliert die Frau ein Spiel. Sie gibt sich geschlagen: sie fordert kein Rückspiel an diesem oder einem der nächsten Tage, sondern sagt: „Ja, Sie können das besser." Dann kommt eine Art Entschuldigung: früher, da hätte sie mithalten können, „aber jetzt geht das nicht mehr so." Der Heimleiterin leuchtet das nicht auf Anhieb ein. Sie empfindet, daß etwas Ungereimtes in dem, was die Frau sagt, steckt (das wird ihr allerdings erst während der Gesprächsanalyse bewußt!), deshalb fragt sie: „Worauf führen Sie das zurück?" Ihre Gesprächspartnerin antwortet: „Ja, man ist halt nicht mehr die Jüngste." Sie spricht, verhüllt in eine unpersönliche („man") und floskelhafte („halt nicht mehr die Jüngste") Sprache etwas aus, was, geradezu und unverhüllt ausgesprochen, für sie zu schmerzhaft ist, nämlich: „Ich bin alt geworden." „Ich bin" zu sagen, ist ihr in diesem Zusammenhang noch nicht möglich. Deshalb spricht sie dann auch von einem *Teil* ihres Selbst: „Sehen Sie, meine Hände sind etwas steif." Und dann, wie zur Entschuldigung (so wenig ist das Altgewordensein für sie ‚be-greiflich‘), zieht sie das Fazit ihres Lebens: „Ich habe auch viel gearbeitet in meinem Leben." Sie zählt die einzelnen Stationen ihres arbeitsreichen Lebens auf (das geschieht ausführlicher, als das Protokoll es wiedergibt) und kann mit einigem Stolz etwas vorweisen: 20 Jahre gemeinsame Arbeit mit der Chefin, zuletzt sogar als Geschäftsführerin. Unversehens kommt sie dabei auf „die Kinder" zu sprechen, und dann, nach einem „aber" (das in der Regel auf etwas sehr Wichtiges hinweist), springt sie plötzlich aus der Vergangenheit in die Gegenwart: „Aber es sind meine Kinder so gut wie ihre." Der nächste Satz will sagen: eigentlich sind es meine *mehr* als ihre, denn „die gehorchen mir oft mehr als der Chefin".

Die Heimleiterin reagiert etwas hilflos auf das, was die Frau ihr da erzählt. Es ist alles etwas unlogisch und ungereimt, was sie zu hören bekommt, und mit den Gefühlen, die ihre Gesprächspartnerin anspricht (auch in der Heimleiterin anspricht!), weiß sie keinen Rat. Sie fragt:

„Wie kommt das?" Diese Informationsfrage konfrontiert die Frau mit
der Realität. Sie korrigiert sich: „Ich meine jetzt die Enkel." Aber gerade
damit macht sie deutlich, was ihr eigentliches, ihr emotionales Problem
an dieser Stelle ist: sie hat keine eigenen Kinder. Jetzt bekommt das
Fazit in Kl 2 deutlichere Konturen; alle positive Leistung kann einen
schmerzlichen Mangel nicht aufwiegen: die Kinderlosigkeit. Die Bilanz
ist trotz aller Mühe, die positiven Posten zu summieren, negativ.

Die Informationsfrage (S 2) hat die Frau in die Realität zurückgerufen.
Sie spricht nicht mehr von *ihren* Kindern, sondern von „den Enkeln", „den
Kindern", oder noch allgemeiner: „Das mögen Kinder ja gern."

Die Heimleiterin hört, was sie gern hören möchte: das Positive im Leben
der Frau. Sie möchte es um so mehr hören, als sie, wenn sie ihre Gefühle
nachträglich befragt, durchaus etwas von der negativen Bilanz in Kl 2
gespürt hat, ohne daß dies bis zu ihrem Bewußtsein hindurchgedrungen
war. Die nächste Frage (S 3) weist darauf hin, daß sie irgendwo das Problem der Einsamkeit nicht hören *will* (und gerade deshalb gehört hat):
„Sie sind also selten allein?" Hören wir die Antwort (Kl 4): „Ich *könnte*
jeden Tag draußen sein und im Betrieb mithelfen." Es ist deutlich, daß
die Frau weder mit einem klaren „Ja" noch mit einem eindeutigen
„Nein" antwortet. Sie *könnte* jeden Tag im Betrieb sein, sie wird dort
durchaus noch gebraucht . . . „aber ich möchte auch manchmal für mich
sein." Sie erzählt dann, wie das Leben zu Hause „in aller Ruhe" aus-
sieht. Radio und Fernsehen sind vorhanden und auch zwei Wellensittiche, „aber die sprechen nicht"; andere Wellensittiche sprechen viel
„aber meine tun's nicht". Und dann muß der Haushalt versorgt werden, „und oft muß ich dann zum Arzt gehen".

Über Langeweile kann sie also nicht klagen, sagt sich die Heimleiterin,
und spricht es auch aus (S 4): „Sie haben nie Langeweile?" Wiederum
hat sie etwas überhört: der Begriff „Langeweile" weist darauf hin, was
sie *gefühlsmäßig* vernommen und dennoch überhört hat: das Gefühl der
Einsamkeit, das für die Frau zu Hause erdrückend wird: „Ich habe auch
zwei Wellensittiche, aber die sprechen nicht", und das sich auch durch ihre
Mitarbeit im Betrieb nicht verscheuchen läßt: „Ich könnte jeden Tag
draußen sein . . . aber . . ." Der letzte Satz in Kl 4 klingt ähnlich scha-
blonenhaft wie der Anfang von Kl 2: „Im Alter stellt sich ja manches
ein" und signalisiert gerade dadurch die schmerzhafte, unverarbeitete
Problematik.

S 4 spart die Problematik aus und will wiederum das Positive (gegen das
sehr wohl gefühlte Negative) verstärken. Auf die etwas suggestive Frage
„Sie haben nie (!) Langeweile?" geht die Frau mit dem Hinweis auf die

Beschäftigung ein, die sie immer findet. Auch in diesem Gesprächsabschnitt findet sich noch ein „aber", das ein negatives Gefühl signalisiert: „Aber abwaschen mag ich nicht gern . . ." Die Heimleiterin knüpft daran (wiederum positiv) an: „Sie arbeiten nur, was Ihnen Spaß macht?", worauf ihre Gesprächspartnerin bezeichnenderweise nicht antwortet! Im Gegenteil: man spürt eine Zurückweisung des Begriffs „arbeiten": „Ich habe im Leben viel gearbeitet, und jetzt will ich es einmal gut haben." Hier bekommt das, was in Kl 2 auf der Haben-Seite positiv vermerkt wurde („ich habe auch viel gearbeitet in meinem Leben . . ."), einen deutlich negativen Akzent. „Jetzt will ich es einmal gut haben." Das ist ein etwas trotziger Wunsch, der ein weiteres Mal signalisiert, daß sie es „jetzt" gar nicht so gut hat.

Blenden wir jetzt noch einmal auf den Anfang zurück, so wird deutlich, daß das verlorene Halmaspiel nicht zufällig dies Gespräch zur Folge gehabt hat, wo die Frau versucht, etwas von dem, was in ihr vorgeht und womit sie nicht fertig wird, zu äußern, in der Hoffnung, daß ihr Gegenüber sie versteht und ihr damit zum Verstehen ihrer eigenen Situation verhilft. Das verlorene Spiel erinnert sie daran, daß sie im Leben nicht mehr mitspielen kann, daß das „Spiel aus ist" und eben dies ihr bisheriges Spiel in Frage stellt.

Es läßt sich leicht ausmalen, was geschehen wäre, wenn die Heimleiterin die negativen Zwischentöne in dem Gespräch zugelassen hätte, wenn etwa ihre Antwort nach Kl 4 gewesen wäre: „So ganz mitten im Betrieb möchten Sie nicht mehr sein. Aber auch das Alleinsein ist nicht immer ganz einfach . . ." Die Frau hätte ihr Herz ausschütten können. Das war es, wonach sie insgeheim in diesem Gespräch verlangte.

Der Seelsorger zwischen zwei Stühlen

Ort dieses Gesprächs ist ein 3-Betten-Zimmer in einem Krankenhaus. Der Pfarrer hat sich vorgenommen, eine ältere Patientin (etwa 65 Jahre alt), die eine Halswirbeloperation hinter sich hatte, zu besuchen. Auch die beiden anderen Betten in dem Zimmer waren belegt. Während sich eine der beiden anderen Patientinnen lebhaft in das Gespräch einmischt, hält sich die dritte weitgehend zurück, läßt aber keinen Zweifel daran, daß sie sich besonders mit der zweiten Patientin verbunden fühlt. Wir bezeichnen die 1. Patientin mit X, die zweite mit Y. Das Protokoll des Gesprächs ist stark gekürzt. Uns interessieren nur die Teile, in denen es zu wechselseitigen Interaktionen zwischen dem Seelsorger und den beiden Frauen kommt.

S 1: Guten Tag. (Zu X:) Sie sind Frau X. Wir haben uns noch nicht kennengelernt.

X 1: Nein . . .

S 2: Mein Name ist Z. Ich bin Pastor und Mitarbeiter im Pfarramt dieser Klinik.

X 2: O ja, das freut mich aber, nehmen Sie doch Platz.

Y 1 (während S sich so setzen will, daß X nicht von der Sonne geblendet wird): Wenn ich Ihnen raten darf: Frau X darf sich zu dieser Seite nicht drehen, zur anderen ein wenig.

S 3 (zu Y): Gern, danke.
(zu X): Sie dürfen Ihren Kopf nicht bewegen?

X 3: Sie sagen, ich bin nicht brav gewesen, ich weiß ja nichts davon; und der Herr Doktor hat gesagt, ich muß sonst noch einmal operiert werden. (Der Pfarrer informiert sich nun über die Krankheitsgeschichte und sagt abschließend:)

S 4: Sie haben die Ursache Ihrer Schmerzen gefunden.

X 4: Aber ich war ja nicht brav.

Y 2: Sie war nach der Operation zu munter, unsere Mutter X.

S 5: (zu X) Sie sind es gewöhnt, immer in Bewegung zu sein?

X 5: Ja, nie habe ich etwas gehabt. Und zu Hause habe ich immer alles gemacht, für meinen Mann, für die Kinder. Ich hab für ihn gebetet, daß es ihm gut geht (Pause).

Y 3: (zu S) Die Kinder kommen immer. (zu X): Nicht, Mutter X, die Kinder sind ja da, und Ihr Mann kommt auch, der kann nur nicht so oft. (zu S): Sie ist schon wieder ganz munter, unsere Mutter X.

X 6: Aber der Doktor hat gesagt, ich werde querschnittsgelähmt.

Y 4: (zusammen mit der 3. Patientin): Aber, Mutter X, da sind wir doch längst drüber weg. (zu S:) Das hat sie falsch verstanden.

X weint.

Y 5: Sie müssen doch nicht weinen, Mutter X.

S 6: Sie sorgen sich?

X 7: Ja, für meinen Mann und die Kinder. Sie kümmern sich ja um ihn, aber ... Ich will wohl sterben, ich habe nur gebetet, nur kein langes Krankenlager.

Y 6: Unsinn, Mutter X!

S 7: Es geht Ihnen nach der Operation doch etwas besser.

X nickt.

S 8: Und der Arzt will, daß Sie ruhig liegen.

Y 8: Genau. Darum hat er das gesagt. Das war aber auch der andere. (zu S:) Wir haben Mutter X immer ein bißchen aufgezogen. Den Dr. A., den hat sie so richtig geliebt.

X 8: Und da hab *ich* gesagt, mein Mann ist doch der Beste. (Y bekommt in diesem Augenblick Besucher, die sich anschicken, auch Frau X freundlich zu begrüßen. Y selber fängt an zu weinen.)

X 9: Sie denken an mich und meinen Mann?

S 9: Ja, Frau X, es ist gut, daß wir wissen, Sie sind nicht allein.

X nickt. S steht auf.

X 10: Sie haben auch viel zu tun, nicht?

S 10: Ich komme noch in dieser Woche wieder zu Ihnen.

X 11: Da würde ich mich aber freuen.

Der Seelsorger berichtet, daß er sich in diesem Gespräch hin- und hergezerrt gefühlt habe. Schon der erste Einwurf von Frau Y habe ihn irritiert. Er habe den Eindruck gehabt: ‚die funkt dazwischen‘. So ist dann auch seine Reaktion auf den „guten Rat" der Frau Y betont kurz: „Gern, danke." Sogleich wendet er sich „seiner" Patientin wieder zu. Seine Frage: „Sie dürfen den Kopf nicht bewegen?" berücksichtigt aber die Intervention von Frau Y, so daß diese sich nicht ganz zurückgestoßen fühlt.

Auffallend ist nun aber der erste Satz, den Frau X (nach den Begrüßungsworten) äußert: „Sie sagen, ich bin nicht brav gewesen ..." Dies beschäftigt sie offenbar so, daß sie am Schluß des Berichts über ihre Krankheitsgeschichte unvermittelt wieder darauf zurückkommt: „Aber ich war ja nicht brav." Nun schaltet sich Frau Y wieder ein: „Sie war nach der Operation zu munter, unsere Mutter X." Darin steckt mehr als nur eine sachliche Erläuterung. Es ist eine Bestätigung des Nicht-brav-Seins der Frau X. Auffallend ist weiter der angehängte Satz: „unsere

Mutter X." Das „unsere" klingt vereinnahmend: sie gehört uns, wir haben uns ihrer habhaft gemacht, wir üben Macht über sie aus. In Richtung auf den Seelsorger heißt es: sie gehört zu uns. Du kannst sie nicht absondern. Die Bezeichnung „Mutter" macht Frau X wehrlos gegenüber den beiden anderen Patientinnen. Denn es klingt ja so zärtlich-einnehmend!

Der Seelsorger spürt sehr deutlich den negativen Ton in Y 2. Er reagiert darauf: er versucht, ihm eine positive Wendung zu geben: „Sie sind es gewöhnt, immer in Bewegung zu sein?" Es ist also durchaus zu entschuldigen, wenn Sie sich nicht so ruhig verhalten können! Was Frau X darauf sagt, ist sehr aufschlußreich: „Ja, nie habe ich etwas gehabt (man beachte das Doppeldeutige dieses Satzes!). Und zu Hause habe ich immer alles gemacht, für meinen Mann, für die Kinder. Ich habe für ihn gebetet, daß es ihm gut geht." Das heißt: auch zu Hause, im Verhältnis zu Mann und Kindern, steht ihr Leben unter dem Gesetz des Bravseins, des Sich-Unterordnens. Ob es ihr selber gut oder schlecht geht, darf keine Rolle spielen.

Es entsteht eine Pause, die Frau Y beendet. Sie muß gespürt haben, daß unter den Worten von Frau X nicht nur positive Gefühle gesteckt haben — zumal sie selber in ihrer Beziehung zu Frau X ja auf der Seite derer steht, für die Frau X „immer alles machen muß", sie ist „unsere Mutter X"! Sie bedeutet ihr jetzt, daß sie eigentlich keinen Grund zum Klagen habe. Zum Seelsorger gewandt, sagt sie: „Die Kinder kommen immer." Und Frau X selber begütigt sie: „Nicht, Mutter X (im Sinn von: Sie müssen es doch selbst sagen!), die Kinder sind ja da, und Ihr Mann kommt auch, der kann nur nicht so oft." Das klingt tröstlich, aber es soll Frau X den Mund stopfen. Dann wendet sie sich wieder zum Seelsorger: „Sie ist schon wieder ganz munter, unsere Mutter X." Mit anderen Worten: Du brauchst dich nicht mehr so sehr um sie zu kümmern! Frau X spürt, daß ihre Bettnachbarin sie „liebevoll zudecken" und zugleich die Aufmerksamkeit des Seelsorgers von ihr ablenken will. Sie widerspricht, sie begehrt auf: „Aber der Doktor hat gesagt, ich werde querschnittsgelähmt." Die Reaktion der beiden Mitpatientinnen ist spontan und heftig; der Tadel ist unüberhörbar, das vereinnahmende „wir" will weiteren Widerspruch ersticken: „Aber, Mutter X, da sind wir doch längst drüber weg." Und zum Seelsorger, Frau X entmündigend, ihm selber bedeutend, daß er Frau X ja nicht ernst nehmen soll: „Das hat sie falsch verstanden." Frau X kann nicht mehr trotzen. Weiterer Widerstand ist ihr unmöglich. Ihre Reaktion ist Weinen. Natürlich wird ihr auch das verwehrt: „Sie müssen doch nicht weinen, Mutter X."

Dem Seelsorger ist zunehmend unwohl in diesem Gespräch. Er empfindet Frau X als infantil. Das stört ihn, und doch hat er das Gefühl, daß sie ihn braucht. Er möchte für sie dasein. Frau Y irritiert ihn durch ihr dauerndes Dazwischenkommen. Aber im Laufe des Gesprächs wächst bei ihm das Bedürfnis, auch mit ihr in ein Gespräch zu kommen. Er möchte sie „nicht verlieren" — so drückt er es aus.

Seine Reaktion auf das Weinen von Frau X zeigt, wie er sich ihr weiter einfühlend zuwendet. „Sie sorgen sich?" Diese Frage, die „alles offenläßt", macht es Frau X möglich, sich weiter auszusprechen. Zunächst spricht sie wieder über ihre Sorge für (!) Mann und Kinder. Aber dann, nach einem „aber" und einer Pause, sagt sie, daß sie eben nicht nur *für andere* sorgt, sondern daß sie *sich sorgt*: „Ich will wohl sterben, ich habe nur gebetet: nur kein langes Krankenlager."

Es will etwas heißen, daß Frau X, die es sich ihr Leben lang nicht erlaubt hat, *sich zu sorgen*, die immer nur *für andere* zu sorgen hatte, der nun auch im Krankenzimmer von ihren Mitpatientinnen mit allen Mitteln verwehrt wird, *sich zu sorgen*, dies ausspricht. Das ist allein der Haltung des Seelsorgers zu verdanken, der ihr zu verstehen gegeben hat, daß er sie ernst nahm, daß er sie nicht tadelte (S 5), und daß er ihr Weinen verstand und ihr erlaubte, *sich zu sorgen*: „Sie sorgen sich?" Die Reaktion von Frau Y ist schroff. „Unsinn, Mutter X!" Sie gibt damit zu erkennen, daß sie es nicht zulassen wird, daß hierüber weitergeredet wird.

Der Seelsorger ist von beidem beeindruckt: von dem Aufbrechen der eigentlichen Not von Frau X und zugleich von der schroffen Reaktion von Frau Y, die keinen Widerspruch duldet. Wie sehr ihn das beeindruckt — um nicht zu sagen: überrumpelt — hat, zeigt der Fortgang des Gesprächs: Er sagt zu Frau X: „Es geht Ihnen nach der Operation doch etwas besser." Das „doch" zeigt den überredenden Ton an. Und da das, was er sagt, der Realität entspricht, kann Frau X nicht „Nein" sagen. Freilich sagt sie auch nicht erleichtert „Ja", sondern sie nickt nur. Der Seelsorger faßt nach: „Und der Arzt will, daß Sie ruhig liegen." Es ist gewiß nicht zufällig, daß er keine Reaktion von Frau X darauf registriert. Vielmehr fällt Frau Y spontan ein: „Genau." *Sie* fühlt sich in ihrem Anliegen vom Seelsorger aufgenommen. In diesem Augenblick hat sich der Seelsorger auf ihre Seite gestellt. Er zitiert den Arzt als Autorität. Damit reiht er sich in die dichte Kette derer ein, denen gegenüber sie „brav" sein muß, die ihr verwehren, *sich zu sorgen*, denen gegenüber sie nicht aufbegehren kann.

Auch Y beruft sich auf den Arzt als letzte Autorität: allerdings auf den „anderen", also auf den, der nichts von einer drohenden Querschnittslähmung gesagt hatte (ein Beweis dafür, daß Frau X ganz richtig verstanden hatte!); *diesen* Arzt legt sie der „Mutter X" nahe: den hat sie „so richtig geliebt". Schwacher Protest seitens Frau X, indem sie auf den etwas flachsenden Ton eingeht: „Und da hab *ich* gesagt, mein Mann ist doch der Beste." Mit anderen Worten: ich laß mir diesen Arzt doch nicht aufschwatzen! In diesem Augenblick bekommt Frau Y Besuch. Das Gespräch ist zu Ende. Der Seelsorger beobachtet, daß Frau Y zu weinen anfängt, und beginnt zu ahnen, warum sie so die Sorgen ihrer Bettnachbarin abgewehrt hat und zugleich die Aufmerksamkeit des Seelsorgers auf sich selber lenkte. Sie muß selber von Sorgen bedrängt sein.

Frau X entläßt den Seelsorger: „Sie denken an mich und meinen Mann?" Der Seelsorger versteht, daß dies „denken an..." sehr gefüllt ist. Er möchte auf die Dimension, die hier angesprochen ist und die über die Beziehung zwischen ihnen beiden hinausweist, hinweisen und sagt: „Ja, Frau X, es ist gut, daß wir wissen, Sie sind nicht allein." In diesem Satz klingt die Distanz, die im letzten Teil des Gesprächs zwischen ihm und Frau X aufgebrochen ist, noch nach: „Wir wissen, daß *Sie*..." Flüchtige Zuhörer könnten sogar mißverstehen, daß damit ihr Mann gemeint sei: „Es ist gut, daß wir wissen, daß Sie noch Ihren Mann haben." Die Distanz ist am Schluß des Gesprächs noch nicht wieder aufgehoben. Trotzdem bittet Frau X sehr verhüllt und kaum verstehbar um das Wiederkommen des Seelsorgers: „Sie haben auch viel zu tun, nicht?" Der Seelsorger hat (ohne daß er es in diesem Augenblick bewußt registriert hat) verstanden: „Ich komme noch in dieser Woche wieder zu Ihnen." In der Antwort liegt Freude, gemischt mit einer ganz leisen Skepsis: „Da würde ich mich aber freuen."

Dem Seelsorger geht erst bei der Nachbereitung des Gesprächs auf, welches Drama sich hier abgespielt hat. Aber er war keineswegs nur Zuschauer: er selber hat mitagiert. Es ist möglich, daß sein Auftreten, ja, die Art und Weise, wie er die Bühne betrat, die dramatische Entwicklung zugespitzt hat. Sehen wir uns noch einmal den Anfang des Gesprächs an: der Seelsorger geht ganz zielbewußt auf Frau X zu. Nach einem „Guten Tag", das allen drei Patienten gilt, spricht er Frau X an, deren Namen er der Kartei entnommen hat. In diesem Augenblick hatte er sich selber noch nicht zu erkennen gegeben. Der Seelsorger bemerkt nun, daß die auf diese Weise bei ihrem Namen ansprochene Frau X etwas erschrocken ist und so guckt, als ob sie nicht brav wäre! Deshalb versucht er, die Situation zu entschärfen: „Wir haben uns noch nicht kennengelernt" — und erst dann stellt er sich vor.

Es ist nicht schwer, nachzuempfinden, was diese Art des Auftretens bei Frau X und bei Frau Y wachruft. Frau X erlebt diesen Mann, der das Zimmer betritt und sogleich auf sie zusteuert: „Sie sind Frau X" — ohne daß sie in diesem Augenblick weiß, mit wem sie es zu tun hat —, als bedrohlich. Ihr erster Satz bestätigt dies. Fast schuldbewußt klingt dies: „Sie sagen, ich bin nicht brav gewesen." Freilich versucht sie, sich von den Anklägern zu distanzieren: *„Sie* sagen ... *ich* weiß ja nichts davon." Es ist, als ob sie vor einem Richter steht.

Aber auch bei Frau Y werden Gefühle wachgerufen. Der Mann, der sich als Pastor entpuppt, greift aus den drei Patientinnen des Zimmers ausgerechnet Frau X heraus. Damit stört er ganz empfindlich das Kräftespiel in dem Zimmer, in dem Frau X die Schwächste zu sein hat, „unsere Mutter X". Dadurch fühlt sich Frau Y massiv bedroht, so daß sie alles daransetzt, das Kräfteverhältnis wieder zu ihren Gunsten zu verschieben, d. h. den Pastor von Frau X abzuziehen.

Der Seelsorger hätte also von Anfang an ein wenig zur Entschärfung der Situation (die er natürlich nicht kennen konnte) beitragen können, indem er als erstes aus seiner Anonymität herausgetreten wäre und dann sein potentielles Interesse an allen drei Personen im Zimmer bekundet hätte. Aber natürlich hätte er sich auch dann dem Spannungsfeld zwischen Frau X und Frau Y nicht entziehen können. Deshalb ist es entscheidend, daß er erkennt, daß der Konflikt, den er in dem Zimmer antrifft, eine Entsprechung in ihm selber hat. Es ist die Spannung zwischen dem Zulassen und dem Unterdrücken von Sorge und Angst. Die Stühle, zwischen denen er sitzt, befinden sich gleichsam in ihm selber. Dort muß der Konflikt primär ausgetragen werden. Erst dann entgeht er der Gefahr, von der einen oder der anderen Seite manipuliert zu werden. In dem vorliegenden Gespräch hätte er dann vielleicht die Freiheit gehabt, nach X 7 und Y 6 zu Frau Y gewandt zu sagen: „Ich verstehe, daß Sie darüber jetzt nicht sprechen wollen, aber ich glaube, daß es doch für Frau X sehr wichtig ist", um Frau X dann weiter zugewandt zu bleiben, ohne Frau Y verloren zu haben.

Ein Gespräch mit Sterbenden

Das folgende Gespräch findet im sogenannten Badezimmer einer chirur-
gischen Station statt. Darin liegen zwei Frauen. Frau X ist etwa Mitte
50 und evangelisch, Frau Y ist etwas älter und katholisch. Die Seelsorgerin, die diese Station in ihrer Obhut hat, berichtet, daß sie dies Zimmer immer mit Herzklopfen betrete, da sie wisse, daß hier immer
Schwerkranke liegen.

S 1: (nach kurzer Vorstellung) Wie geht es Ihnen heute? Nicht so besonders,
nicht wahr?

X 1: Nein, gar nicht.

Y 1: Nicht gut.

S 2: Darf ich mich einen Augenblick zu Ihnen setzen?

Y 2: Ja.

X 2: Nehmen Sie doch den Stuhl da, stellen Sie meine Tasche herunter.

Y 3: Sie haben mich schon mal besucht. Da lag ich noch in Zimmer Nr. . . . Ich
bin dann plötzlich so krank geworden, ich habe nach der Schwester und dem
Arzt gerufen, und alle sind gerannt. Dann haben sie mich hier hereingeschoben. Ich dachte ja erst, das wäre nur, damit die andern im Zimmer ihre Ruhe
hätten.
Pause.
Es ist aber schon etwas besser, es war wohl eine Thrombose. Zu Ostern bleibe
ich hier. Nach Haus', das will ich nicht. Ich dürfte ja, so mit dem Kranken-
wagen, das ist mir alles viel zu aufregend. Und wenn mir wieder etwas passiert — nee, ich bleibe hier.

X 3: Mich haben Sie auch schon mal besucht in Zimmer Nr. . . . Wissen Sie, ich
bin die aus H. und habe Ihnen damals erzählt, daß mich noch keiner aus
der Gemeinde besucht hat. Inzwischen war aber Herr Pastor und die Gemeindeschwester da.

S 3: Ja, ich erinnere mich.
Pause.

X 4: Der Arzt hat mir gesagt, was mit mir los ist.
Pause.
Das ist schwer. Ich will es jetzt meiner Mutter schreiben, die weiß es noch
nicht und hat zu meiner Tochter gesagt: ,Ihr lügt mir mit ihr was vor. Da
stimmt was nicht. Ich muß mal selbst nach X kommen.' Und das will ich
auf keinen Fall. Sie ist schon achtzig. Sonst bin ich immer einmal im Jahr zu

ihr gefahren. Haben Sie nicht noch so eine schöne Karte wie neulich? Dann könnte ich die dafür nehmen.

S 4: War es diese? (zeigt der Patientin eine Postkarte, auf der Dietrich Bonhoeffers Worte stehen: ‚Von guten Mächten wunderbar geborgen‘).

X 5: (liest, weint dann) Nein.
Pause.
Warum das alles! Diese Schmerzen! So alt bin ich doch auch noch nicht. Aber hier wird wohl nicht mal meine Mutter eine Antwort drauf wissen. Sie ist streng religiös und hat uns so erzogen. Für jedes Schicksal weiß sie eine Antwort. Nur einmal, wie mein Junge sterben mußte, er war erst zwölf Jahre, da hatte sie auch keine Erklärung dafür. Ich denke, wenn ich auch nicht so streng fromm bin, ich bin es doch. (Sie erzählt über Kirchgang und Tischgebet — beides ist Brauch in ihrer Familie — und über ihren Pfarrer und die Gemeindearbeit.)

Y 4: Und mit einmal kann man das alles nicht mehr, da liegt man hier ganz fest und darf sich nicht bewegen.

X 6: Ich muß sagen, ich bin nicht ergeben, ich finde mich da nicht einfach mit ab und sage: gut, ich bin bereit zu sterben. Nein, so nicht. Ich lebe gern und möchte noch im Herbst die Hochzeit meiner Tochter miterleben.

S 5: Da ist die Frage ‚warum‘ — vielleicht Zweifel …

X 7: (fällt S ins Wort) O, ohne Glauben hielte ich das gar nicht durch.
Pause.
Ohne das ginge es gar nicht.
Pause.
Über Ostern darf ich nach Hause. Das ist schön. Wenn auch der Abschied dann schwer werden wird. Da darf ich noch gar nicht dran denken.

Y 5: Ich bleibe lieber hier. Mein Junge wollte mich ja auch holen. Aber das hat keinen Zweck mit dem Bein. Der Doktor hat gesagt, nächste Woche kann ich mal aufstehen, dann geht er mit mir spazieren, ganz weit … nächste Woche oder bald. Er ist nett.

S 6: Darüber sind Sie froh, daß er sich so nett kümmert?

Y 6: Ja, er ist so natürlich, so menschlich. Auch, wie er einem alles so sagt.

X 8: Bestimmt, das ist ein guter Doktor. Aber es ist doch schwer. Wissen Sie, wenn es nur die Krankheit wäre, damit will ich schon fertigwerden, aber das Wort ist so … so …

Y 7: so belastet … so schwer …

X 9: Man weiß gar nicht, wie man mit dem Wort fertigwerden soll …
Pause.
Ich verstehe das alles nicht … und trotzdem …

S 7: Das Dennoch des Glaubens …

X 10: Ja, ich muß dabei bleiben. Und Herr Pastor besucht mich auch. Der hat damals auch meinen Jungen beerdigt, und wie er gekommen ist, da hat er gesagt: ‚So schwer ist mir noch kein Besuch geworden, ich habe ihn doch so gut gekannt.‘ Unsere Kinder haben nämlich oft zusammen gespielt.
Nun habe ich noch die beiden Mädchen, eine ist schon verheiratet. Ich habe sie nie gezwungen, zur Kirche mitzugehen oder zu beten. Sie haben sich aber doch was angenommen. Denken Sie, neulich sagt die eine: ‚Mutter, ich bete

immer für dich in meinem Abendgebet.' Und ich dachte, sie betet schon längst
nicht mehr. Da war ich glücklich.
S 8: Sie wollten es doch auch gern, daß es so kommt, zu einem eigenen Glauben.
X 11: Wenn ich daran denke, bin ich zufrieden.
S 9: betet über beiden Patienten den aaronitischen Segen und verabschiedet
sich; beide bedanken sich für das Gespräch.

Die Seelsorgerin (eine Gemeindehelferin) sieht beim Betreten des Zimmers auf den ersten Blick, wie es um die beiden Patientinnen steht. Daß
zu beiden schon ein Kontakt besteht, weiß sie in diesem Augenblick nicht.
Als Frau Y sie darauf anspricht, versagt ihre Erinnerung, während sie
sich, von Frau X aufmerksam gemacht, an diese erinnert.
Die Seelsorgerin kann angesichts der beiden Frauen die Frage nach deren
Befinden nicht auf die übliche konventionelle Art stellen. Sie läßt die
Patientinnen sogleich wissen, daß sie bereit ist, an ihrem Schicksal Anteil zu nehmen: „Wie geht es Ihnen heute? Nicht so besonders, nicht
wahr?" Damit erlaubt sie es zugleich den Frauen, zu ihr über ihr Leid zu
reden. Eine wichtige Weiche ist auf diese Weise gleich am Anfang gestellt. Beide Frauen bestätigen der Seelsorgerin, daß es ihnen nicht gut
geht. Darauf fragt diese behutsam an, ob sie sich „einen Augenblick"
zu ihnen setzen dürfe. Während Frau Y zustimmt, bietet Frau X ihr sogar ihren Stuhl an: „Nehmen Sie doch den Stuhl da, stellen Sie meine
Tasche herunter." Eine wichtige Geste. Der Lebensraum eines Patienten
ist sehr eingeschränkt. Außer dem Bett gehört nur noch der Nachttisch
und ein Stuhl dazu. Darauf liegen die wenigen persönlichen Dinge des
Patienten. Das Angebot des Stuhls, noch dazu mit der Aufforderung,
die eigene Tasche, die darauf steht, herunterzustellen, ist viel mehr als
eine Höflichkeit. Es ist die Aufforderung, hereinzutreten in die Welt
des Betreffenden (vgl. dazu auch das 2. Gesprächsprotokoll S. 19). Frau
Y erzählt dann, wie es dazu kam, daß sie nun hier liegt. Ihr Zustand
verschlechterte sich plötzlich („Ich bin dann plötzlich so krank geworden"). Sie dachte, daß es zu Ende sei. „Dann haben sie mich hier hereingeschoben. Ich dachte ja *erst*, das wäre *nur*, damit die anderen im Zimmer ihre Ruhe hätten." Die Fortsetzung spricht sie nicht aus. Aber die
Pause sagt alles: *jetzt* denkt sie, daß es nicht nur um der Zimmergenossen willen war, daß sie verlegt wurde, sondern um ihretwillen, und daß
der Grund dafür sehr viel schwerwiegender ist. Nach diesem vielsagenden Schweigen versucht sie sich ein wenig zu trösten: „Es ist aber schon
etwas besser, es war wohl eine Thrombose" — um dann aber sogleich zu
sagen, daß sie keinesfalls imstande ist, zu Ostern nach Hause zu gehen.
Jetzt bringt sich Frau X in Erinnerung. Sie knüpft den Kontakt mit der

Seelsorgerin an die vorige Begegnung an. Und dann fällt mitten in das
Schweigen der schwere Satz: „Der Arzt hat mir gesagt, was mit mir los
ist." Sie möchte es ihrer Mutter mitteilen, weiß aber nicht, wie sie das
tun soll, und sie bittet die Seelsorgerin um ihre Hilfe. Das letzte Mal
hatte sie eine Spruchkarte mit, die hilfreich war. Hat sie noch eine davon? Die könnte sie dann ihrer Mutter schicken.
Der Gemeindehelferin ist entfallen, was für eine Karte das war. Auf gut
Glück zeigt sie ihr eine Karte mit den Bonhoeffer-Worten: „Von guten
Mächten wunderbar geborgen, erwarten wir getrost, was kommen mag."
Nein, diese Karte war es damals nicht. Aber Frau X ist von dem, was sie
darauf liest, angerührt. Sie weint. Sie schweigt. Und dann bricht es sehr
aggressiv aus ihr heraus: „Warum das alles!" Auflehnung und Trotz
sprechen aus ihren Worten; der Trotz richtet sich gegen die eigene Mutter, die für jedes Schicksal eine parate Antwort hat. „Aber hier wird
wohl nicht mal meine Mutter eine Antwort drauf wissen." Sie sagt mit
anderen Worten: ich lehne mich auf gegen mein Schicksal. Ich gebe mich
mit *keiner* Antwort zufrieden! Und dann zieht sie ein Stück Fazit ihres
eigenen Lebens, namentlich ihres religiösen Lebens, ihres Verhältnisses
zum Gebet, zu Gott, zur Gemeinde.
Frau Y hat mitgehört und mitgedacht. Offenbar findet sie sich in den
Worten von Frau X wieder. Sie sagt: und jetzt hat alle eigene Aktivität,
alles eigene Bemühen ein Ende. Die Bilanz *ist* gezogen. Aber eben gegen
dies Abschließende und Endgültige lehnt Frau X sich auf: *„Ich* muß sagen, *ich* bin nicht ergeben, *ich* finde mich da nicht einfach mit ab und
sage: gut, ich bin bereit zu sterben. Nein, so nicht. Ich lebe gern und
möchte noch im Herbst die Hochzeit meiner Tochter miterleben." Sie
kämpft und will dem Tod noch ein Stück Leben abtrotzen, noch ein halbes Jahr wenigstens: das Ziel, das sie sich setzt, ist die Hochzeit ihrer
Tochter.
Jetzt schaltet sich die Seelsorgerin ein: „Da ist die Frage ‚Warum' —
vielleicht Zweifel . . ." Sie knüpft offensichtlich dort an, wo Frau X ihr
aggressives „Warum das alles!" ausgerufen hatte. Das klingt ihr noch im
Ohr, das hat sie verfolgt, und nun bietet sie der Patientin an, mit ihr
darüber zu sprechen. An dieser Stelle fühlt sie sich gefordert, dort ist sie
— als Gemeindehelferin — gewissermaßen auch zuständig. Deutlich
ist aber — und die Unterbrechung durch Frau X bestätigt das —, daß
sie nicht in der Lage war, Frau X zu folgen. Diese war in dem Augenblick ganz woanders, nämlich bei ihrer Hoffnung, daß sie vielleicht noch
ein halbes Jahr Zeit habe. Bis zu diesem Punkt hat die Seelsorgerin sie
nicht begleitet. Vielmehr spricht sie an der Stelle, wo Frau X „Hoff-

nung" sagt, den „Zweifel" an: ist's vielleicht ihr eigener Zweifel, der es
ihr verwehrt hat, die Frau auch *hier* zu begleiten?
Frau X setzt gegen den Zweifel ihren Glauben. „O, ohne Glauben hielte
ich das gar nicht durch." Schweigen. „Ohne das ginge es gar nicht." Über
Ostern darf sie nach Hause, aber danach wird der Abschied um so schwerer. Dieser Abschied ist vielleicht der letzte. Daran will sie noch gar nicht
denken.
Frau Y wiederholt, daß sie nicht nach Hause will und kann. Aber dann
bringt auch sie ein Stückchen Hoffnung zum Ausdruck: „Der Doktor
hat gesagt, nächste Woche kann ich mal aufstehen, dann geht er mit mir
spazieren, ganz weit. Nächste Woche oder bald. Er ist nett." In diesen
Worten klingt ein merkwürdiger Zwischenton mit. Der Doktor hat ihr
versprochen, mit ihr spazieren zu gehen, „ganz weit". Man fragt sich:
wohin? Denn zu einem „ganz weiten" Spaziergang ist Frau Y nicht mehr
in der Lage. Und das weiß sie auch. Sie kann nicht nach Hause, weil das
„keinen Zweck mit dem Bein" hat. Sie kann gar nicht laufen. Und dann
die vage Zeitangabe: „Nächste Woche oder bald". Die Frage, von welchem Weg und Ziel die Frau spricht, wird ergänzt durch die Frage, von
welchem Zeitpunkt sie redet. Wir ahnen, daß Frau Y — ohne daß sie
sich dessen ganz hell bewußt ist — von ihrem letzten „Gang" und von
ihrer letzten, ungewissen „Stunde" spricht, und zwar im Kontext der
Hoffnung: „ganz weit", dorthin, wo „der Tod nicht mehr sein wird,
noch Leid, noch Geschrei". Und sie hofft, daß der Doktor sie auf ihrem
schweren Gang begleitet. Diese Begleitung hat er bereits begonnen, wie
Frau Y im nächsten Satz zu erkennen gibt. Er ist „so natürlich, so
menschlich. Auch, wie er einem alles so sagt." Ganz offensichtlich läßt er
die beiden Patientinnen nicht mit ihren Ängsten allein. Er spricht mit
ihnen über ihre Krankheit (siehe auch X 4) und über ihren Zustand, wobei sie seine Zuwendung und Fürsorge spüren.
Die Seelsorgerin hat an dieser Stelle vor allem das Letzte herausgehört
(S 6), und auch Frau X bestätigt, er sei „ein guter Doktor". „Aber es ist
doch schwer", fährt sie fort. „Wissen Sie, wenn es nur die Krankheit
wäre, damit will ich schon fertig werden, aber das Wort ist so ... so ..."
Frau Y fällt ein: „so belastet ... so schwer ..." und Frau X wieder:
„Man weiß gar nicht, wie man mit dem Wort fertig werden soll ..."
Die beiden Frauen, die das gemeinsame Schicksal teilen, verstehen einander. Doch die Seelsorgerin ist für einen Augenblick verwirrt. Sie weiß
nicht, was die Frauen mit „dem Wort" meinen. Erst später geht ihr auf,
daß es sich um das Wort „Krebs" handelt, das „so belastet" ist, daß sie
es nicht auszusprechen wagen, daß sie es tabuisieren. Es ist nicht die

Krankheit allein, mit der sie fertig werden müssen, sondern etwas, was über dies hinaus mit dieser Krankheit verbunden ist: der Makel, der Fluch, mit dem sie behaftet ist. So jedenfalls erleben diese beiden Frauen ihre Krankheit. Alle drei Frauen in diesem Zimmer schweigen. Dann sagt Frau X: „Ich verstehe das alles nicht... und trotzdem..." Die Seelsorgerin versucht, das „und trotzdem" zu verstehen, spontan kommt ihr Psalm 73 in den Sinn, sie ahnt, daß Ähnliches hier geschieht, und sagt: „Das Dennoch des Glaubens..." und hat getroffen. „Ja", sagt Frau X, „ich muß dabei bleiben. Und Herr Pastor besucht mich auch", ein Pastor, dessen Solidarität sie gewiß sein kann. Für sie vergegenwärtigt der Pastor die Nähe Gottes. So gesehen, spricht Frau X hier tatsächlich den 73. Psalm. „Ich verstehe das alles nicht" faßt den ganzen ersten Teil des Psalms (und des Gesprächs!) zusammen. „Und trotzdem... (die Seelsorgerin sagt: ‚Dennoch...') ich muß *dabei bleiben*...", um dann sogleich auf den hinzuweisen, der „sie bei ihrer rechten Hand hält".

Und schließlich sagt sie, was sie „nun noch hat", nämlich ihre beiden Mädchen. Es ist für sie ein Trost, daß beide glauben — das ist das, was sie (über den Tod hinaus) verbindet — und daß die eine jeden Abend für sie betet. Darüber ist sie glücklich. „Wenn ich daran denke, bin ich zufrieden."

Der Seelsorgerin bleibt nichts mehr zu sagen. Was zu sagen war, hat Frau X selber gesagt und bekannt. So betet sie zum Schluß über den beiden Frauen den aaronitischen Segen.

Sieht man sich die Gesprächsbeiträge der Seelsorgerin an, so fällt deren große Zurückhaltung auf. Sie selber sagt keine wesentlichen Dinge. Sie hat lediglich gleich zu Anfang ihre Bereitschaft kundgegeben, zuzuhören („Wie geht es Ihnen heute? Nicht so besonders, nicht wahr?") und sich in die Welt der beiden Frauen hineinzubegeben („Darf ich mich einen Augenblick zu Ihnen setzen?"). Sicher ist ihre Zurückhaltung nicht *nur* Tugend, sondern auch Verlegenheit. Was soll sie angesichts der Not dieser beiden Frauen sagen? Aber sie widersteht der Versuchung (in S 5 nicht ganz!), dazwischenzureden, zu beschwichtigen oder mit eigenen dogmatischen Aussagen zu helfen. Ohne daß sie es weiß — sie selber fühlt sich in diesem Gespräch in hohem Maße hilflos —, gibt sie gerade dadurch den beiden Frauen die Gewißheit, daß sie verstanden werden, und damit die Möglichkeit, sich auszusprechen (im Sinne des zu-Ende-Redens). Es ist leicht auszumalen, was geschehen wäre, wenn sie etwa Frau X in ihren Aggressionsäußerungen und in ihrer Auflehnung (X 5 bis 6) gestoppt hätte, wenn sie ihre Antwort auf die „Warum"-Frage gesagt hätte. Frau X wäre nicht dazu gekommen, *ihren* Glauben in dem

Gespräch zu finden und zu bekennen. Und sie hätte am Schluß nicht über ihr Glück und ihre Zufriedenheit sprechen können. So aber verhalf sie, ohne es zu wissen, Frau X dazu, ihren eigenen Weg durch Aggressionen, Trotz und Auflehnung zum Dennoch des Glaubens und einem Stück Befriedigung („Wenn ich daran denke, bin ich zufrieden") zu finden.

Frau X starb 24 Tage nach diesem Gespräch, Frau Y zwei Tage später.

Ein Gespräch vor der Operation

Das folgende Gespräch wird in einem Einbettzimmer eines Krankenhauses mit einem etwa dreißigjährigen Mann geführt. Dem Seelsorger ist der Patient noch nicht bekannt. Er kennt auch nicht die näheren Umstände seines Krankenhausaufenthaltes.

S 1: Guten Tag. Ich bin der Pastor von dieser Station und wollte Sie besuchen.

P 1: Ja, die Sache ist nämlich so, Herr Pastor. Ich will heiraten, und meine Braut ist Spanierin. Aber ich bin aus der Kirche ausgetreten. Das ist verzwickt, was? Da muß ich ja wohl in die katholische Kirche eintreten? Wie ist das mit den Formalitäten? Oder geht das anders?

S 2: Sie wollen heiraten?

P 2: Na, jetzt nicht, jetzt geht es ja nicht. Aber eigentlich wollte ich im Juni, Juli heiraten. Aber das geht nicht. Es ist auch nicht so eilig.

S 3: Ihr Plan ist jetzt gestört?

P 3: Ach, Sie meinen durch die Krankheit? Ja, aber so eilig ist es auch nicht. Ich soll morgen operiert werden. Ein Tumor an der Niere. Das wirft mich nicht um.

S 4: (Sieht P abwartend und fragend an.)

P 4: Ich habe schon einmal sieben Jahre in einem Rutsch gelegen, da wird man ganz hart.

S 5: (fragend) Sieben Jahre?

P 5: Na ja, nicht in einem Stück. Die längste Zeit waren vierzehn Monate auf einmal. Da werde ich noch mit dieser Kleinigkeit fertig. (P setzt sich im Bett auf, läßt die Beine herunterhängen und zeigt auf die Gegend, wo er die Nieren vermutet.)

S 6: Sie fühlen sich stark?

P 6: Ja, wenn die man endlich anfangen. Ja, sie haben mich vom O.-Krankenhaus hierher verlegt. Sie wissen ja, daß ich im O.-Krankenhaus war, die haben Ihnen doch gesagt, daß Sie kommen sollen.

S 7: (erstaunt) Nein, mir hat keiner etwas gesagt. Ich bin von selbst gekommen.

P 7: Aber ich habe doch den Pastor angefordert wegen der Ehe. Aber das ist auch egal. Und morgen ist es soweit. (Steht vollends auf.)

S 8: (Steht zur gleichen Zeit auf.)

P 8: Gehen wir doch raus hier. Hier ist nicht die richtige Atmosphäre zum Reden. Alles so tot. So steril.

S 9: (Hilft P in den Morgenrock.)

P 9: (wird merklich unruhiger, geht mit S in den Besucherraum, einer Nische

im Gang. P setzt sich so, daß er die Vorübergehenden sehen kann. Er bietet
S. eine Zigarette an): Rauchen Sie?

S 10: Nein, danke, ich bin Nichtraucher.

P 10: (steckt sich eine Zigarette an) Ich warte schon lange und jeder Tag kostet
Geld. Finanziell geht es mir ganz gut. (P zieht nervös an der Zigarette.)
Aber Zeit ist Geld. So sagt man doch. Ja, das mit der Ehe. Vielleicht gehe
ich nach Spanien. Als Bauingenieur verdient man da ganz gut. Man braucht
nur die Hälfte auszugeben, wenn man die Preise in Deutschland vergleicht.
Und man ist unabhängig, selbständig. Hier arbeitet man doch nur für andere.

S 11: Sie wollen nach Spanien?

P 11: Ja, nach Teneriffa. Bungalows bauen. Aber vorläufig wird das nichts.
(Er guckt wie suchend zum Flur.) Meine Verlobte ist bei uns im Büro. Wir
können auch in Deutschland bleiben. Ich arbeite schon lange mit ihr zusammen. Und einmal habe ich sie hoppsa auf der Straße gesehen (er schnippst
mit der Zigarette), und dann war's passiert. (Er sieht wieder wie suchend
zum Flur, dann drückt er die halbgerauchte Zigarette aus und wendet sich
S voll zu.) Im Grunde ist alles Mist. Da ist doch kein Sinn, oder ist da Sinn?
(Zwei Besucher nähern sich dem Tisch in der Besuchsecke und bitten, Platz
nehmen zu dürfen.)

P 12: (zündet sich eine Zigarette an und drückt sie gleich wieder aus) Ja, da
müssen wir wohl gehen. (Wieder im Krankenzimmer angelangt:) Nach außen
bin ich hartes Holz, Herr Pastor. Aber nach innen. Einmal habe ich richtig
geweint, als ich krank war. Stellen Sie sich vor, richtig geweint. Ich glaube,
es war ein Nervenzusammenbruch. Ich weine sonst gar nicht. Doch, einmal
noch, als meine erste Liebe abhaute. Da habe ich laut geweint. Und dann war
alles gut. Schon am nächsten Tag.

S 12: Weinen erleichtert Sie?

P 13: Ja, ich fühlte mich richtig erleichtert.

S 13: Aber Sie können nicht immer weinen?

P 14: Nur ganz selten. Man kann nicht immer, was man will. Sagen Sie, muß
ich jetzt katholisch werden? Die mag ich gar nicht. Die verstehe ich auch
gar nicht. Ich würde lieber in die evangelische Kirche eintreten. Ich bin nur
ausgetreten wegen fünfzig Mark monatlich. Und ich habe auch nichts davon.
Jetzt muß ich wieder rein. (Es klopft. Der Pfleger kommt, um P zum Baden
abzuholen.)

S 15: Ja, Herr X, dann muß ich Sie wohl dem Bademeister überlassen. Ich
werde an Sie denken, und in der nächsten Woche besuche ich Sie wieder.

P 15: Ja, danke schön, Herr Pastor. Das ist gut.

Das Gespräch ist für den Seelsorger verwirrend. Der Gedankengang des
Patienten ist sprunghaft, und der Seelsorger hat Mühe, dem zu folgen
und zu verstehen, was der Patient *eigentlich* will. Bereits der Anfang des
Gesprächs ist für den Seelsorger überrumpelnd. Kaum hat er sich vorgestellt, wird er — ohne daß der Patient sich Zeit für ein „Guten Tag.
Mein Name ist..." läßt, von diesem mit Informationen und Fragen
(vier Fragen auf einmal!) überschüttet. Der Seelsorger kann sich nicht

helfen. Er muß erst einmal ordnen. Darum fragt er zurück: „Sie wollen heiraten?" Die Antwort des Patienten ist wieder verwirrend. Faßt man die insgesamt fünf kurzen, nebeneinander stehenden Antworten in P 2 zusammen, so laufen sie auf ein „Nein, darum geht es mir jetzt nicht" hinaus. Der Pfarrer fragt wieder nach: „Ihr Plan ist jetzt gestört?" Hört man dem Patienten in P 3 zu, so sagt er „Ja" darauf, relativiert die Dringlichkeit des Problems seiner Hochzeit noch einmal: „aber so eilig ist es auch nicht", und spricht dann das aus, was unmittelbar vor der Tür steht: seine Operation, bei der ein Nierentumor entfernt werden muß. Er schließt mit den Worten: „Das wirft mich nicht um." Wenn man auf die Zwischentöne horcht, dann hört sich dieser Satz auch so an: „Wirft mich das um?" Aber zunächst ist auch dieser Satz für den Seelsorger wiederum verwirrend. Was will der Patient von ihm? Denn er hat sehr wohl das Gefühl, daß dieser von einer ihn bedrängenden Sache umgetrieben wird. So sieht er den Patienten abwartend und fragend an. Der hat offenbar das Bedürfnis, seinen letzten Satz: „Das wirft mich nicht um" zu untermauern (und zeigt damit, auf wie schwankendem Boden er steht!): „Ich habe schon einmal sieben Jahre in einem Rutsch gelegen, da wird man ganz hart" (P 4). Der Seelsorger fragt ein wenig ungläubig zurück: „Sieben Jahre?" Und der Patient korrigiert sich: „Na ja, nicht in einem Stück. Die längste Zeit waren vierzehn Monate auf einmal" (P 5). Die Frage ist, warum der Patient von den „sieben Jahren" gesprochen hat, wenn das doch offenbar nicht stimmt. Man könnte es sich einfach machen und sagen: er übertreibt eben großtuerisch. Das wäre dann ein *Urteil*, das man über diesen Satz (und seinen Sprecher) fällt. Man nimmt diesen Satz nicht ernst. Hellhörig kann uns machen, daß der Patient ausgerechnet von *sieben* Jahren" spricht. Sieben ist (in Märchen, Träumen, biblischen und religiösen Berichten und Visionen) eine symbolische Zahl. Fragt man auf diesem Hintergrund, was der Patient ausdrücken möchte, dann verstehen wir ihn vielleicht ein wenig besser. Er will damit mehr sagen, als daß er sieben Kalenderjahre krank gelegen hat. Er spricht davon, wie er die Zeit seiner Krankheit *erlebt* hat. Sieben ist eine „runde Zahl". Er will etwa sagen: Ich habe meine Krankheit voll auskosten müssen. Nun ist's genug. Was jetzt noch kommt, läßt das Maß überlaufen (man vergleiche dazu die Bedeutung der sieben Jahre in den Träumen des Pharao in der Josephsgeschichte aus dem Alten Testament). Der Seelsorger hat dies nicht verstanden. Er fragt im Sinne der meßbaren Kalenderjahre zurück. In *diesem* Sinne muß der Patient sich korrigieren, aber die vierzehn Monate (zweimal sieben!) weisen darauf hin, daß er sich auch hier mittels eines Zahlensymbols verständlich machen möchte. Natürlich benutzt er die Symbole nicht bewußt, sondern so, wie sie in Märchen und Träumen benutzt werden.

Auch auf die Worte des Patienten (P 5): „Da werde ich noch mit dieser Kleinigkeit fertig", fragt der Seelsorger zurück: „Sie fühlen sich stark?"; und in dieser Frage schwingen leise Zweifel mit, die dem Patienten selbstverständlich nicht entgehen. Sein nächster Satz bekommt einen ungeduldig-aggressiven Ton. Zunächst sagt er: „Ja, *wenn* die man endlich anfangen." Mit anderen Worten: Lange hält meine Stärke nicht mehr vor! Nur oberflächlich betrachtet spricht er dann von etwas anderem weiter, nämlich von seiner Verlegung aus einem anderen Krankenhaus hierher und seinem *dort* geäußerten Wunsch nach einem Pastor. Hört man es aber in dem emotionalen Kontext, dann sagt er mit den Worten: „Die haben Ihnen doch gesagt, daß Sie kommen sollen" (P 6): *Merken Sie denn nicht, wie sehr ich Sie jetzt brauche?* Aber nicht darauf, sondern auf den aggressiven Ton reagiert der Seelsorger. Er verteidigt sich, daß er nicht gleich ins O-Krankenhaus gekommen ist. Er sagt (S 7): „Nein, mir hat keiner etwas gesagt. Ich bin von selbst gekommen." Doch damit gibt sich der Patient nicht zufrieden, vielmehr beharrt er auf seinem Standpunkt, und es ist nicht zufällig, daß er dabei als Begründung für sein Verlangen nach dem Pfarrer wieder die Ehe angibt. Er wird ja gleichsam gezwungen, das Visier wieder ein wenig herunterzuklappen. Doch nur für einen kurzen Augenblick, dann öffnet er es sofort wieder: „Aber das ist ja auch egal. Und morgen ist es soweit" (P 7). Von diesem Augenblick an zeigt sich eine immer größere Unruhe bei dem Mann. Er steht auf, er flieht aus dem Zimmer, das ihm zu eng wird: „Alles so tot. So steril" (P 8). Er sieht sich bereits leblos auf dem Operationstisch. In der Besucherecke auf dem Gang setzt er sich so, daß er die Vorübergehenden sehen kann, er sieht immer wieder, wie suchend, in diese Richtung: auf diese Weise will er sich vergewissern, daß er noch in der Welt der Lebendigen ist. Er bietet dem Pfarrer eine Zigarette an. Das erlebt dieser (ein wenig hilflos, da er Nichtraucher ist) so, daß der Patient die Kommunikation mit ihm sucht und sich selbst zugleich „beweist", daß er noch etwas zu geben hat. Der Patient raucht selber. Dem Seelsorger fällt in diesem Moment ein Schlagertext ein: „Was ich noch zu sagen hätte, dauert eine Zigarette." Dann redet der Mann weiter (P 10): „Ich warte schon so lange, und jeder Tag kostet Geld. Finanziell geht es mir ganz gut. Aber Zeit ist Geld. So sagt man doch." Der Seelsorger ist irritiert. Wie kommt der Mann jetzt, wo es doch um Leben und Tod geht, aufs Geld zu sprechen? Wie reimt sich das zusammen, zumal er doch selber sagt, daß es ihm finanziell ganz gut geht? Den Schlüssel zum Verständnis

liefert der Patient selber. „Aber Zeit ist Geld. So sagt man doch." Als ob
er den Einwand des Seelsorgers: wie kommst du jetzt ausgerechnet aufs
Geld zu sprechen, gehört habe. „*Aber* Zeit ist Geld." Es geht dem Patienten offenbar nicht um seine Finanzen. Es geht ihm um die *Zeit*. Er redet
vom Geld symbolisch. Wie lange reicht ‚es' noch hin? Wann ist ‚Ultimo'
für mich? *Das* ist die Qual des Wartens!

Ehe noch der Seelsorger begreifen kann, was ihm sein Gesprächspartner
sagen will, springt dieser auf ein (scheinbar) anderes Thema über. „Ja,
das mit der Ehe. Vielleicht gehe ich nach Spanien. Als Bauingenieur verdient man da ganz gut. Man braucht nur die Hälfte auszugeben, wenn
man die Preise mit Deutschland vergleicht. Und man ist unabhängig,
selbständig. Hier arbeitet man doch nur für andere" (P 10). Wieder ist
der Seelsorger in Versuchung zu fragen: wie kommt der Mann dazu, in
diesem Augenblick so weitreichende Zukunftspläne zu schmieden?

In seiner Hilflosigkeit kann er nur zurückfragen: „Sie wollen nach
Spanien?" (S 11). Der Patient sagt: „Ja, nach Teneriffa..." Nun ist
Teneriffa keineswegs Spanien mehr, sondern liegt viel weiter entfernt.
Wie ist diese Ungereimtheit in den Äußerungen des Patienten zu verstehen? Versuchen wir wieder, sie in ihrem emotionalen Kontext zu hören. Der Mann sehnt sich ganz offensichtlich nach einem Land, wo ‚das
Leben nicht so teuer ist', wo man nicht mehr so bedrängt, unfrei und
abhängig ist. Er sehnt sich nach einem Ort, wo er *frei* ist — wir erinnern
uns, daß er eben aus seinem Zimmer floh, wo alles „so tot, so steril" war.
Dann ist in diesem Augenblick „Spanien" für ihn ein Symbol. Es ist das
„gelobte Land", wo die Existenz nicht mehr bedroht ist.

Daß wir den Patienten so richtig verstehen, wird in dem Augenblick bestätigt, als der Pfarrer nachfragt und nun Spanien in geographischem
Sinn meint. Indem der Patient „Ja, nach Teneriffa" antwortet, sagt er:
es geht mir um etwas anderes. Das Land, das ich meine, ist nicht so
greifbar wie das Spanien, das du meinst. Die Fortsetzung: „Bungalows
bauen. Aber vorläufig wird das nichts" kann man auf zwei Ebenen verstehen. Entweder so, daß der Pfarrer mit seiner (in geographischem, also
‚realem' Sinn zu verstehenden) Frage den Patienten wieder in die ‚Realität' zurückruft, so daß sich der Patient also auf dieser Ebene wieder-
findet. Oder aber es schwingen auch hier seine Gefühle weiter sehr stark
mit. In der Gruppe, die dies Protokoll besprach, wurde an dieser Stelle
Rilke zitiert: „Wer jetzt kein Haus hat, baut sich keines mehr." Wahrscheinlich wird man sich an dieser Stelle nicht für eine der beiden Möglichkeiten entscheiden können, sondern damit rechnen müssen, daß beide
Ebenen durcheinanderlaufen.

Wieder blickt der Patient wie suchend zum Gang. Wen sucht er dort? Er spricht jetzt über seine Verlobte und wie er sie kennengelernt hat. Dann drückt er seine halbgerauchte Zigarette aus, sieht den Seelsorger voll an und sagt: „Im Grunde ist alles Mist. Da ist doch kein Sinn, oder ist da Sinn?" Damit ist alles gesagt. Es hat nur eine halbe Zigaretten-länge gedauert.

Das Gespräch wird abgebrochen. Pfarrer und Patient gehen wieder ins Krankenzimmer. Dort läßt der Patient den Pfarrer einen Blick in sein Inneres tun. Er spricht über die Anlässe, bei denen er geweint hat. „Und dann war alles gut. Schon am nächsten Tag" (P 12). Mit anderen Wor-ten: wenn ich jetzt schwach sein dürfte, wenn ich jetzt weinen dürfte... (morgen ist die Operation); wenn ich mich jetzt loslassen könnte! „Aber man kann nicht immer, was man will" (P 14). Und dann spricht er un-vermittelt von dem Wunsch, wieder in die Kirche einzutreten. Es ist ein dringender Wunsch: „Jetzt muß ich wieder rein" (P 14). Von einer Ver-bindung des Kircheneintritts mit der geplanten Eheschließung ist nicht mehr die Rede. Dann hätte er ja auch in die katholische Kirche eintreten müssen. Doch er sagt: „Ich würde lieber in die evangelische Kirche ein-treten." Mit einer Formalität hat dies — berücksichtigt man den emotio-nalen Kontext, in dem dies gesagt wird — schlechterdings nichts mehr zu tun. Hier spricht die Sehnsucht nach Kirche, nach Geborgenheit, nach einem Land, wo man sich nicht mehr so krampfhaft behaupten muß. Hier ist auch die Kirche zum Symbol geworden.

Auffälligerweise (aber nicht zufällig) entsprechen der erste Gesprächs-beitrag und der letzte Satz des Patienten in diesem Gespräch einander. Erst jetzt ahnen wir, was sich hinter dem ersten Satz verbarg. „Wie ist es da mit den Formalitäten? *Oder geht das anders?*" Schon hier ist ein Signal dafür gegeben, daß es dem Patienten nicht um Formalitäten zu tun war.

Den Pfarrer aber hat auch der Schluß wieder verwirrt. Er begriff nicht, daß der Mann in dem ganzen Gespräch die Nähe des Reiches Gottes suchte: „... oder ist da Sinn?" (P 11).

Ein Gespräch zwischen Tür und Angel

Dies Gespräch, das an der Haustür eines Pfarrhauses geführt wird, wurde von einer Pfarrfrau vorgelegt. Sie berichtete dabei, daß es ihr erst beim Aufzeichnen des Gesprächs so recht bewußt wurde, wie aggressiv sie gegen die Besucherin gewesen sei, eine etwa 70jährige verwitwete Flüchtlingsfrau, die überdies mehrere Kinder verloren hat und sehr krank ist. Die Pfarrfrau sagte, sie wüßte sich keinen Rat mit ihren eigenen Aggressionen im Blick auf dies Gemeindeglied, mit dem man doch nur Mitleid haben könnte. Sie kennt die Frau schon lange, die Gespräche verliefen immer ähnlich, und von ihrer Seite sei der Kontakt je länger je mehr unerträglich.

Das Gemeindeglied kommt mehrere Tage nach dem Geburtstag des Pfarrers an die Tür. Der Pfarrer selber befindet sich auf einer Auslandsreise. Als die Pfarrfrau auf das Klingeln die Tür öffnet, steht das Gemeindeglied (G) mit einem Einkaufskorb am Arm und einem Brief in der Hand auf der Schwelle.

P 1: Guten Tag, Frau G.

G 1: Guten Tag, Frau Pastor! Na, wie ist es, haben Sie schon Nachricht von Ihrem lieben Mann?

P 2: Nein, das kann ich aber auch noch nicht. Von Y dauert selbst die Luftpost mehrere Tage. Aber ich hoffe sehr, er ist heil angekommen.

G 2: Ja, das wünsche ich ihm auch sehr. Glauben Sie mir, ich bete auch jeden Tag für ihn. Ich bete überhaupt für Sie alle.

P 3: Ja, danke, das ist sehr lieb von Ihnen. – Wie geht es Ihnen denn?

G 3: Sie sehen ja, ich laß mich nicht unterkriegen. Unkraut vergeht nicht. Mit Gottes Hilfe geht es immer wieder. Ich war gerade wieder bei meinem Arzt. Der hat mir was verschrieben. Aber ich muß sehr, sehr viel beten, damit ich immer wieder die Kraft habe. Aber unser Herrgott hilft immer wieder weiter.

P 4: Und was macht der kleine Enkel?

G 4: Der ist ja so lebhaft geworden. Das strengt mich mächtig an. Aber das darf ich meiner Tochter gar nicht sagen. Sie darf überhaupt nicht wissen, wieviel Schmerzen ich habe. Wenn mir der Herrgott nicht immer wieder die Kraft geben würde, dann wäre ich sicher schon lange nicht mehr am Leben. — Ach ja, hier der Brief an den Herrn Pastor. Es hat mir so leid getan, daß ich seinen Geburtstag vergessen habe. Nun habe ich ihm wenigstens geschrieben, damit er es hat, wenn er zurückkommt.

P 5: Da wird er sich sicher sehr freuen. Vielen Dank! Sehen wir uns Sonntag?

G 5: Ja, so Gott will. Sie wissen ja, wie wichtig mir der Gottesdienst ist. Morgens höre ich auch oft die Andachten im Radio. Das und das Gebet gibt mir immer wieder Mut und Kraft. Nun muß ich aber rasch einkaufen. Leben Sie wohl, und Gott befohlen! (Der neunjährige Sohn der Pfarrfrau, der die Unterhaltung mit angehört hat, fragt, nachdem die Tür sich geschlossen hat: „Sag mal Mutti, betet die wirklich so viel?")

Die Gesprächseröffnung durch G klingt spitz: „Na, wie ist es, haben Sie schon Nachricht von Ihrem lieben Mann?" Obgleich der Ausdruck „Ihr lieber Mann" zu dem ganzen Sprechstil der Flüchtlingsfrau paßt, welcher der Pfarrfrau seit langem vertraut ist, klingt es diesmal doch nicht *nur* „lieb". Die Pfarrfrau fühlt die Spitze und reagiert darauf (in dem raschen Wortwechsel natürlich mehr spontan als bewußt), indem sie sich schützend vor ihren Mann stellt: „Nein, das kann ich aber auch noch nicht. Von Y dauert selbst die Luftpost mehrere Tage. Aber ich hoffe sehr, er ist heil angekommen." G wünscht ihm dies auch sehr und beteuert dann („Glauben Sie mir . . ."), daß sie täglich für den Pastor und „überhaupt für Sie alle" betet. Die Pfarrfrau fühlt sich bei diesen Worten sehr unbehaglich. Sie empfindet Frau G als aufdringlich. Sie selber kann so nicht über das Gebet sprechen, und wenn es andere tun, noch dazu auf die Weise, daß sie selbst mit hineingezogen wird, so ist dies ihr in hohem Maße peinlich. Hier wird ihr Intimbereich verletzt. Sie hat das Gefühl, daß Frau G unangemessen, gleichsam exhibitionistisch über ihr Gebetsleben spricht. Sie wehrt ab: „Ja, danke, das ist sehr lieb von Ihnen" (auch bei ihr hat dies „lieb" einen weniger „lieben" Unterton). Natürlich will sie das Gemeindeglied nicht zurückstoßen. So fragt sie: „Wie geht es Ihnen denn?" Doch es ist deutlich, welche Funktion diese Frage nach dem Ergehen der Besucherin hat. Sie soll von diesem peinlichen Thema ablenken. Die Pfarrfrau distanziert sich selber damit.

Was antwortet Frau G auf diese Frage nach ihrem Ergehen? Es lohnt, hier besonders sorgfältig zuzuhören. „Sie sehen ja . . ." (mit anderen Worten: Sie sehen ja selbst, also brauche ich nicht darauf zu antworten. Darin liegt eine leise Zurückweisung der Frage: sie entzieht sich der Frage.) „. . . ich laß mich nicht unterkriegen. Unkraut vergeht nicht . . ." (Das klingt reichlich forsch. „Unkraut vergeht nicht" ist eine Redensart, mit der man weiteres Nachfragen abwehrt. Zugleich liegt ein Stückchen Selbstironie darin, d. h. man nimmt es selbst nicht ganz ernst. Was steckt hinter dieser Selbstironie?) „. . . Mit Gottes Hilfe geht es immer wie-

der . . ." (‚Mit Gottes Hilfe' . . . ‚immer wieder' . . . das heißt doch: wenn
ich von mir persönlich sprechen müßte, dann geht es gar nicht, und oft
genug bin ich selber ganz am Ende.) „. . . Ich war gerade wieder bei
meinem Arzt. Der hat mir was verschrieben. Aber . . ." (Die folgerichtige
Ergänzung lautet: es hilft gar nicht. Das wird aber nur verhüllt ausgesprochen:) „. . . Aber ich muß sehr, sehr viel beten, damit ich immer wieder die Kraft habe . . ." (Mit anderen Worten: hier hilft ‚nur noch beten'!) „. . . Aber unser Herrgott hilft immer wieder weiter . . ." (Auch
dieser Satz beginnt mit einem ‚aber', als ob sie auch ihr Beten — para-
doxerweise — in Frage gestellt sieht. Das würde zu dem ‚Aber ich muß
[!] *sehr, sehr viel* beten' passen.)

Eine eindeutige, klare Antwort auf die Frage der Pfarrfrau ist dies nicht.
Vordergründig sagt die Frau: ich werde schon alleine fertig. Unkraut
vergeht nicht, und ich bete viel. Nur bei näherem Hinhören spürt man
das, was darunter liegt: daß das Wasser bis zum Halse steht („ich laß
mich nicht unterkriegen") und daß sie immer wieder (dreimal heißt es
‚immer wieder') am Ende mit ihren Kräften ist. Die Pfarrfrau spürt das
Schillernde, das Doppelbödige in den Worten der Frau. Sie kann damit
nichts anfangen. Und deshalb möchte sie das Gespräch nun auf etwas
bringen, was eindeutige und darüber hinaus positive Aussagen erlaubt:
„Und was macht der kleine Enkel?" Aber dieser gutgemeinte Versuch
schlägt fehl. Nur im ersten Satz geht Frau G auf die Frage ein: „Der ist
ja so lebhaft geworden" — um sofort wieder auf sich und ihre Situation
aufmerksam zu machen: „Das strengt mich mächtig an. Aber das darf ich
meiner Tochter gar nicht sagen. Sonst gibt sie ihn mir nicht mehr." Doch
diese — auf den ersten Augenblick plausible — Begründung dafür, daß
sie ihrer Tochter ihren Zustand verschweigen muß, wird im nächsten
Augenblick fallen gelassen: „Sie darf *überhaupt* nicht wissen, wieviel
Schmerzen ich habe." Wir fragen: warum darf die Tochter das „überhaupt nicht" wissen? Wer verbietet das? Es steht außer Zweifel: die
Frau verbietet es sich selber. Warum? Ist's Rücksichtnahme auf die Tochter? — Eine Antwort auf die Frage finden wir, wenn wir untersuchen,
was für eine Funktion in diesem Gespräch mit der Pfarrfrau diese Bemerkung hat. Sie macht die Pfarrfrau *erst recht* auf die großen Schmerzen aufmerksam. Zurückhaltung bedeutet in diesem Zusammenhang Verstärkung. Wieder entdecken wir das Doppelbödige in den Worten der
Frau. Auf der einen Seite erlaubt sie es sich nicht, darüber zu sprechen.
Auf der anderen Seite lenkt sie gerade dadurch die Aufmerksamkeit auf
sich und ihr Leid. Eine kaum zu überbietende Steigerung erfährt dann
übrigens auch der Hinweis auf die Kraft des Herrgotts, die sie am Leben

erhält: „Wenn mir der Herrgott nicht immer wieder die Kraft geben würde, dann wäre ich sicher schon lange nicht mehr am Leben." Das heißt, wenn man genau hinhört, dann will die Frau wiederum weniger auf die Kraft Gottes als auf ihr Leid aufmerksam machen. In diesem Augenblick, in dem sie die Dinge so zuspitzt, bricht sie ab. „Ach ja, hier der Brief an den Herrn Pastor . . ." Diesen verspäteten Geburtstagsbrief soll der Pastor sogleich auf seinem Schreibtisch vorfinden, wenn er zurückkommt. Auf den ersten Blick hat man den Eindruck: wie anhänglich, wie treu denkt diese Frau an ihren Gemeindepfarrer! Stellt man sich, bereits ein wenig hellhörig geworden, die Frage, was für eine Funktion dieser Brief in ihrer Beziehung zu dem Pfarrer hat, dann geht man sicher nicht fehl in der Annahme, daß sie auch auf diese Weise auf sich aufmerksam machen will. Sie denkt an den Pfarrer, damit er an sie denkt! Sie möchte eben dies erreichen. Ihr Brief soll ihn dazu verpflichten.

Die Pfarrfrau nimmt den Brief dankend entgegen und leitet die Verabschiedung ein: „Sehen wir uns Sonntag, Frau G?" was die Frau zum Anlaß nimmt, ihrerseits mit großem Nachdruck („Sie wissen ja . . .") zu versichern, wie wichtig ihr der Gottesdienst ist, ja, daß sie sogar an den Wochentagen die Andachten nicht versäumt. Der Zusammenhang zwischen der (wortwörtlichen) Anhänglichkeit ans Pfarrhaus, der Abgabe des Briefes und dem Bedürfnis, die Bedeutung des Gottesdienstes und des Andachthörens zu unterstreichen, liegt auf der Hand. „Das und das Gebet gibt mir immer wieder Mut und Kraft." In ihrer Not und Vereinsamung versucht sie, alle Welt auf sich aufmerksam zu machen, versucht sie, den Pfarrer und Gott gleichsam an sich zu binden. Auch das Doppelbödige in ihren Worten: das etwas provozierende Sich-zur-Schaustellen, das zu gleicher Zeit ein Sich-Verstecken ist, ist insgeheim motiviert von diesem Bestreben, den andern möglichst an sich zu binden. Sie ruft nach Hilfe, um zugleich jede Hilfe zurückzuweisen („Sie darf überhaupt nicht wissen, wieviel Schmerzen ich habe"), und eben dies bindet den Hilfsbereiten in einem viel stärkeren Maße an sie, als wenn sie seine Hilfe wirklich in Anspruch nähme. Aber es ruft eben auch die Irritation und die Aggression des Hilfsbereiten hervor. Auf *diese Art* des Hilferufs reagieren wir auf die Dauer mit Abwehr. Wir wehren uns gegen *diese Art*, gebunden und verpflichtet zu werden. Wir nehmen den Hilfesuchenden schließlich nicht mehr ernst und ließen ihn am liebsten auf der Schwelle stehen. Wir empfinden ihn als auf- und zudringlich und halten ihn für bigott.

Dabei befindet sich die Frau in einer doppelten Hilflosigkeit. Einmal trägt
sie wirklich ein schweres Schicksal. Fast alle ihre Angehörigen sind tot,
und sie spürt das tägliche Abnehmen ihrer Kräfte. Zum anderen aber
besteht ihre Hilflosigkeit darin, daß sie sich nicht helfen lassen *kann*. In
dem Augenblick müßte sie sich und dem Hilfsbereiten ja ihre Hilflosigkeit eingestehen, und damit würde ihr mühsam aufgerichtetes Gebäude
zusammenbrechen, mit dessen Hilfe sie sich selber aufrecht erhält. Sie
befindet sich in einem Zirkel von Hilfesuchen und Hilfeablehnen. So ist
sie bereits in ihrer Einsamkeit verschlossen, und ihr selber ist der Schlüssel abhanden gekommen. Ihr Abwehrmechanismus ist ihr nicht bewußt.
Dadurch kann sie aber auch ihre Mitmenschen nicht zu sich hereinlassen
— obgleich sie nichts sehnlicher wünscht.

Die Pfarrfrau, der dies in der Gesprächsanalyse aufging, konnte nunmehr das Verhalten der Frau besser verstehen. Zugleich verstand sie
aber auch ihre eigene Irritation und Aggression gegenüber Frau G. Dadurch konnte sie mit ihren eigenen Gefühlen besser umgehen und gewann ein Stück Unbefangenheit und Unvoreingenommenheit im Verhältnis zu Frau G. Sie fürchtete nicht mehr die nächste Begegnung mit
ihr. Und sie nahm ihr die Spitze gegen ihren verreisten Mann („Na, wie
ist es, haben Sie schon Nachricht von Ihrem lieben Mann?") nicht mehr
übel. Denn sie hörte darin den verzweifelten Wunsch nach einer Nähe,
zu der die Frau selbst nicht fähig war. Und in dem aufdringlichen Satz:
„Ich bete überhaupt für sie alle" vernahm sie die Bitte, für sie zu beten.

Ein Beratungsgespräch

Das folgende Gespräch wurde in einer Lebensberatungsstelle geführt. Der Klient war von der Gemeindeschwester auf die Beratungsstelle hingewiesen worden; sie hatte ebenfalls die Sozialarbeiterin auf den eventuellen Besuch vorbereitet. Der Klient ist ca. 40 Jahre alt, Frührentner und macht auf die Sozialarbeiterin einen „weichen Eindruck". Das Gesprächsprotokoll lautet:

Kl(ient) 1: Guten Tag. Bin ich hier recht bei Fräulein X?
S(ozialarbeiterin) 1: Ja, ich bin es selbst.
Kl 2: Mein Name ist Y.
S 2: Guten Tat, Herr Y, nehmen Sie bitte Platz. (Herr Y ist beinamputiert, geht am Stock; er macht einen sehr bedrückten Eindruck.)
Kurzes Schweigen.
S. 3: Schwester Z. sagte mir, daß Sie mal kommen werden. Sie deutete mir Ihre augenblickliche Situation kurz an.
Kl 3: Ja, ich befinde mich in einer verzweifelten Lage. Ich weiß nicht, was ich tun soll. Seit einem halben Jahr bin ich geschieden. Meine Frau hat die Scheidung eingereicht; ich wollte es nicht. Wir leben aber noch zusammen in einer Wohnung. Sie bewohnt mit unserem (noch minderjährigen) Sohn zwei Zimmer, ich habe ein Zimmer für mich. Meine Frau verhält sich mir gegenüber völlig gleichgültig. Sie spricht nur das Nötigste. Sie wäscht zwar noch meine Wäsche, aber mehr tut sie nicht für mich. Seit einigen Wochen weiß ich, daß sie ein festes Verhältnis zu einem anderen Mann hat. Er kommt abends oft zu uns. Dann sitzen sie bis spät in die Nacht zusammen. Manchmal hat er auch schon bei uns geschlafen. Diesen Zustand kann ich nicht länger ertragen. Ich liebe meine Frau. Ich komme überhaupt nicht mehr zur Ruhe. Ich bin völlig verzweifelt. Verstehen Sie das?! (Herr Y erregt sich bei dieser Schilderung so, daß ihm der Schweiß auf die Stirn tritt. Er bittet um ein Glas Wasser, um ein Herzmittel einzunehmen.)
S 4: Ich glaube Ihnen, daß Sie diesen Zustand auf die Dauer nicht ertragen können. Was wollen Sie nun tun?
Kl 4: Ich möchte meine Frau auf jeden Fall zurückgewinnen. Trotz allem, was sich jetzt abspielt, würde ich sie sofort wieder heiraten.
S 5: Haben Sie mit Ihrer Frau über diese Möglichkeit gesprochen?
Kl 5: Ich habe es mehrmals versucht. Für sie ist die Trennung endgültig. Sie läßt nicht mit sich reden. Neulich war sie drei Tage in A. Ich ging mit einem

Blumenstrauß zum Bahnhof, um sie abzuholen. Sie aber ging bewußt an mir vorbei und beachtete mich nicht. — Kennen Sie meine Frau?

S 6: Nein.

Kl 6: Sie ist Verkäuferin in dem X-Geschäft. Sie würde Ihnen dort sofort auffallen, sehr attraktiv und gepflegt. Darf ich sie mal anrufen?

S 7: Bitte.

(Kl wählt die Telephonnummer, seine geschiedene Frau ist sogleich am Apparat. Das Telephongespräch lautet):

Er: Monika? Hier ist Fritz. Ist Karl bei dir? (Karl ist der Sohn.)

Sie: Nein. Was willst du denn von ihm?

Er: Zu Hause steht noch der viele Abwasch. Er könnte mir dabei helfen.

Sie: Das kannst du auch alleine machen! (Knallt den Hörer auf.)

Kl 7: (legt den Hörer langsam auf und guckt vor sich hin) Ich habe direkt Angst, nach Hause zu gehen. Wenn ich nur wüßte, ob mein Junge zu Hause ist.

S 8: Dann würde es Ihnen leichter fallen, nach Hause zu gehen?

Kl 8: Ja. (Er telephoniert. Der Junge ist zu Hause.)

S 9: Wie ist denn Ihr Verhältnis zu dem Jungen?

Kl 9: Wenn wir beide alleine sind, verstehen wir uns sehr gut. Wenn meine Frau da ist, dann hält er zu ihr. Manchmal fand ich das alles so unerträglich, daß ich mich sinnlos betrunken habe. Doch das ist ja auch keine Lösung. — Können Sie nicht mal mit meiner Frau reden?

S 10: Ich glaube, das würde auch nicht weiterhelfen.

Kl 10: Aber was soll ich denn tun? Ich reibe mich vollkommen auf!

S 11: Könnten Sie sich dazu entschließen, eine andere Wohnung zu nehmen? Vielleicht überwinden Sie es etwas leichter, wenn Sie sich nicht täglich sehen.

Kl 11: Nein. Aus der Wohnung ziehe ich nicht heraus. Mit viel Mühe und Arbeit habe ich sie so hergerichtet wie sie jetzt ist.

S 12: Nach Ihren Schilderungen sehe ich kaum eine andere Möglichkeit.

Kl 12: Dann können Sie mir auch nur das raten, was andere mir gesagt haben. (Verabschiedet sich.)

Der Sozialarbeiterin geht die Enttäuschung, die sie offensichtlich dem Klienten bereitet hat, nahe. Sie fragt, wie sie diese Enttäuschung hätte vermeiden können, und weiter: wie sie den Kontakt zu dem Mann, der ihre Hilfe so nötig brauchte, hätte aufrechterhalten können. Denn der sei abgerissen. Wenn sie einander auf der Straße begegneten, nähme der Klient keinerlei Notiz mehr von ihr.

Mit diesen Fragen lesen wir das Gespräch noch einmal. Der Klient betritt das Zimmer der Sozialarbeiterin mit der Frage, ob er hier richtig sei. Erst dann nennt er seinen Namen. Er gibt seine Anonymität erst dann preis, als er sich vergewissert hat, daß er an der richtigen Stelle ist. Die Sozialarbeiterin lädt ihn ein, sich zu setzen. Sie merkt, wie bedrückt ihr Gegenüber ist und hilft ihm über die Schwelle, indem sie ihn wissen läßt, daß sie ihn erwartet hat und auch andeutungsweise seine Situation kennt. Sogleich sprudelt der Mann seine Not hervor; er ist dabei so emotioniert, daß der Schweiß ihm ausbricht und er um ein Glas Wasser bittet. Er nimmt ein Herzmittel ein.

Die Sozialarbeiterin berichtet, daß sie diesen Verzweiflungsausbruch als beängstigend erlebt hat. Sie fühlt sich dem hilflos ausgeliefert. Mehr, als dem Mann ein Glas Wasser zu reichen, kann sie nicht tun. In der Gesprächsanalyse wird ihr deutlich, daß ihre Antwort S 4 Ausdruck ihrer eigenen Hilflosigkeit ist: „Ich glaube Ihnen, daß Sie diesen Zustand auf die Dauer nicht ertragen können. *Was wollen Sie nun tun?*" Die Antwort des Mannes kommt prompt: „Ich möchte meine Frau auf jeden Fall (!) zurückgewinnen." Die Sozialarbeiterin äußert auf Befragen, daß sie selber diese Möglichkeit von vornherein ausgeschlossen habe. Deshalb ist ihre Frage S 5 vom Zweifel bestimmt: „Haben Sie mit Ihrer Frau über diese Möglichkeit gesprochen?" Die Antwort, die sie von vornherein erwartet, erhält sie auch: „Ich habe es mehrmals versucht. Für sie ist die Trennung endgültig. Sie läßt nicht mit sich reden."

Der offenbare Widerspruch des Mannes in Kl 4 und Kl 5: „Ich will meine Frau *auf jeden Fall* zurückgewinnen — für sie ist die Trennung endgültig" zeigt, daß er selber im Grunde seines Herzens nicht mehr an diese Möglichkeit glaubt. Sein Zweifel daran ist eben seine Verzweiflung. Damit ist seine ganze Ratlosigkeit aufgedeckt.

Im folgenden versucht er, der Sozialarbeiterin zu demonstrieren, wie wenig seine geschiedene Frau mit sich reden läßt. Das Telefongespräch — die Sozialarbeiterin fühlt sich regelrecht überrumpelt — spricht sozusagen für sich selbst. Durch ein weiteres Telefonat überzeugt er sich, daß sein Sohn zu Hause ist. Er bringt aber zum Ausdruck, daß er in ihm auch nur einen halben Bundesgenossen hat. Und dann zeigt sich, was das Ziel dieser „Vorstellung" ist: die Sozialarbeiterin soll mit seiner Frau reden! Mit dieser Zumutung fühlt sich die Beraterin in die Enge getrieben. Vorsichtig, aber bestimmt, gibt sie zu erkennen, daß sie dazu keinesfalls bereit ist: S 10 „Ich glaube, das würde auch nicht weiterhelfen." Das ruft wiederum einen Verzweiflungsausbruch bei dem Mann hervor: „Aber was soll ich denn tun? Ich reibe mich vollkommen auf!" Sein Gegenüber empfindet dies als einen starken Appell an sie. Sie *muß* jetzt einen Rat geben. Und sie sagt — wiederum sehr behutsam in eine Frageform gekleidet — das einzig Vernünftige: „Könnten Sie sich dazu entschließen, eine andere Wohnung zu nehmen? Vielleicht überwinden Sie es etwas leichter, wenn Sie sich nicht täglich sehen" (S 11). Die Vorsicht, mit der die Sozialarbeiterin hier vorgeht („Könnten Sie sich dazu entschließen . . ."), läßt vermuten, daß sie selber wenig Hoffnung hat, daß

dieser Mann der Vernunft zugänglich ist. Und sie erhält auch sofort die
Bestätigung: „Nein. Aus der Wohnung ziehe ich nicht heraus." Die Begründung klingt merkwürdig herbeigeholt: „Mit viel Mühe und Arbeit
habe ich sie so hergerichtet, wie sie jetzt ist." Der wirkliche Grund für
seine Weigerung, sich von der Wohnung zu trennen: nämlich die Unfähigkeit, die Trennung seiner Frau von ihm zu akzeptieren, ist ihm selber so wenig zugänglich, daß er einen „vernünftigeren" Grund sucht —
womit er aber gerade das „Unvernünftige" seiner Gefühle, Wünsche und
Befürchtungen offenbart.
Da dem Mann mit der Vernunft nicht beizukommen ist, gibt die Sozialarbeiterin auf. „Nach Ihren Schilderungen sehe ich kaum eine andere
Möglichkeit." Mit anderen Worten: Friß, Vogel, oder stirb! Wenn Du
Dir nicht helfen lassen willst, mußt Du zusehen, wie Du fertig wirst. Auch
der Mann resigniert: „Dann können Sie mir auch nur das raten, was
andere mir gesagt haben."
In der Tat: wenn es so einfach wäre, dann hätte dieser Mann sich nicht
an die Beratungsstelle zu wenden brauchen. Daß dies die einzig vernünftige Lösung sei, haben ihm nicht nur alle Freunde und Bekannten, sondern hatte er sich selber auch schon hundertmal und öfter gesagt. Aber:
eben dies *konnte er nicht.* Im Grunde konnte er selber sich nicht begreifen: „Verstehen Sie das?!" (Kl 3 Ende). Er ist in einer verzweifelten
Lage: er weiß nicht, was er tun soll. Und jeder Rat (vor allem, wenn er
ihn sich selbst dauernd vor Augen hält) macht ihm seine verzweifelte
Lage, seine Unfähigkeit, *überhaupt etwas zu tun,* nur um so schmerzhafter bewußt. Er geht ein Stück verzweifelter fort, als er gekommen ist.
Die Sozialarbeiterin war dieser Verzweiflung nicht gewachsen. Sie rettete sich (!), indem sie ihrem Klienten den „einzig verünftigen Rat" gab.
Aber sie glaubte selber nicht an den Erfolg ihres Bemühens. Und wenn
ihr Gesprächspartner sie bedrängte, dann half sie sich (!), indem sie sich
ihm entzog: „Ich glaube, das würde auch nicht helfen ... Nach Ihren
Schilderungen sehe ich kaum eine andere Möglichkeit" (S 10 und 12).
Es ist deutlich: ehe der Mann nicht mit sich selber im reinen ist, ehe er
nicht ein wenig Ordnung und Klarheit in seine verworrenen Gefühle,
in seine Bindungen und Ängste gewonnen hat, kann er zu keiner Entscheidung kommen. Er *kann* nichts tun. Aber um zu einem Stück Klarheit zu kommen, muß er seine Empfindungen aussprechen, und dafür
braucht er einen Gesprächspartner.
Hätte die Sozialarbeiterin auf das Ansinnen, mit seiner Frau zu sprechen, anstatt dies zurückzuweisen (S 10) verstehend geantwortet: „Ist es
so, daß Sie selber keinen Mut mehr haben, mit Ihrer Frau zu sprechen?"

— dann wäre dies eine Einladung gewesen, weiter über seine widersprüchlichen Gefühle seiner Frau gegenüber zu reden. Hätte sie sich ein wenig mehr in den Gesprächspartner eingefühlt, wäre es ihr vielleicht möglich gewesen zu verstehen, warum er die Wohnung nicht verlassen konnte: „Es ist Ihnen unmöglich, dies Stückchen Zuhause, das Sie sich geschaffen haben, einfach aufzugeben..." — der Mann hätte der Spur nach seiner eigentlichen Motivation weiter folgen können. Nur auf diesem, vermutlich langen und schmerzhaften Weg könnte er zu einer Entscheidung finden, die seine eigene ist und die er darum akzeptieren kann.

Gespräch in einem Gefängnis

Gesprächspartner des Gefängnisgeistlichen ist ein 18jähriger Verurteilter, der dem Pfarrer seit längerem bekannt ist. Kürzlich war er geflohen, hatte sich ein Gewehr besorgt und hatte bei einem Schußwechsel, bei dem er selber auch verletzt wurde, einen Mann angeschossen. Der Pfarrer erhielt vor seinem Besuch noch die Information, daß der Gefangene mit allen möglichen Tricks versuche, um eine hohe Strafe herumzukommen. Als der Pfarrer, der von dem Arrestanten um einen Besuch gebeten worden war, die Arrestzelle betritt, trifft er den Gefangenen schlafend an und weckt ihn.

S 1: Guten Tag, G. Du hast geschlafen? Es geht dir also gar nicht so schlecht hier?

G 1: Guten Tag, nein, ganz gut. (Er spricht von seiner Angst, eine hohe Strafe zu bekommen. Dann schildert er den Vorfall. Sein Schuß habe sich aus Versehen gelöst, und zwar beim Hinfallen, nachdem er selber schon getroffen war. Seine Waffe sei so geartet gewesen, daß sich der Schuß fast von selbst gelöst habe. Er verstünde gar nicht, wieso der Schuß überhaupt hätte treffen können. Dann spricht er über das besonders gefährliche Geschoß:) Das Geschoß war ja zum Töten! Zum Töten war das, nicht nur zum Verwunden! Wenn der das hierher bekommen hätte (zeigt auf die Mitte der Brust), dann hätte er hinten im Rücken *so* ein Loch gehabt.

S 2: (versucht, ihm seine zu erwartende hohe Strafe erträglich erscheinen zu lassen:) Du bist ja noch jung. Du hast das Leben noch vor dir. Siebzig Jahre werden die Leute in Deutschland im Durchschnitt alt. Also hast du noch fünfzig Jahre vor dir ... Da darf man den Kopf nicht hängen lassen. (Will sich verabschieden. Nach seiner Schätzung hat das Gespräch schon 40 Minuten gedauert.)

G 2: Ich habe meinem Vater geschrieben, daß er mir einen Arzt von draußen schickt. Der soll mich einmal untersuchen. Ich meine nicht so einen Arzt, sondern einen Psychiater oder Psychologen.

S 3: Ein Arzt soll dich einmal gründlich untersuchen.

G 3: Ja, ich will einmal wissen, warum ich immer solche Sachen mache.

S 4: Alleine kannst du es nicht finden.

G 4: (sehr heftig, abgehackt) Nein. Ich finde es nicht. Die ganze Zeit überlege ich schon. Deshalb bin ich ja so unruhig und nervös!

S 5: Du möchtest also herausfinden, warum du die Straftaten und auch diese Sache wieder gemacht hast.

G 5: Ich habe noch nie etwas gemacht, weil ich Geld brauchte oder überhaupt weil ich etwas haben wollte. Es war das Abenteuer, ja die Abenteurerlust war es. Ich habe zu Hause eine ganze Menge Waffen, alte Waffen. Ja, an Waffen hatte ich immer schon Spaß.

S 6: Waffen haben für dich etwas Abenteuerliches.

G 6: Ja, ich denke mir, wie damit gekämpft wurde. Jetzt hat mein Vater einen Dolch bekommen aus dem Vietnamkrieg. Da ist noch Blut dran (er sagt das schaudernd-fasziniert).

S 7: (erschrocken) Hat er den Dolch von einem amerikanischen Soldaten?

G 7: Ja. (Pause.)

S 8: Hat dich das Gewehr, das du jetzt hattest, auch so fasziniert?

G 8: Ja, ich hatte die ganze Zeit damit ,rumgespielt'. Ich kannte es ganz genau! Bei Gericht muß ich mich zwar dumm stellen. Ich kann ja nicht zugeben, daß ich das Gewehr ganz genau kannte.

S 9: Du wußtest auch, daß es so leicht losgeht?

G 9: Natürlich. Ich weiß aber nicht, warum ich das eigentlich gemacht habe.

S 10: Warum du eigentlich geschossen hast?

G 10: Ja. (Pause.) Haben Sie schon einmal so einen Schuß abbekommen?

S 11: Nein, noch keinen abbekommen und noch keinen abgegeben. Höchstens auf der Kirmes einmal oder auf dem Schießstand.

G 11: Das tut weh. Das gibt einen Schlag. Ich habe gemeint, mein Bein wäre ganz weg.

S 12: Und in diesem Schmerz hast du dann zurückgeschossen?

G 12: Ja (lange Pause). Wenn ich jetzt nachdenke, steht das Bild immer noch ganz deutlich vor meinen Augen. Ich kann es nicht vergessen; wie das Glas splittert, und der Mann — alles ist rot.

S 13: Wieso splittert Glas? Hast du durch die Scheibe geschossen?

G 13: Ja.

S 14: Wie hat denn der Mann auf dich geschossen? Ich denke, die Tür von dem Auto war auf!

G 14: Auf jeden Fall hat Glas gesplittert (Pause).

S 15: Und das Bild siehst du jetzt noch vor dir, und das macht dich auch so unruhig.

G 15: Ja, ich habe das Gewehr weggeworfen, und dann bin ich losgerannt. Ich hab immer Schüttelfrost gekriegt, auch wenn es warm war, auch noch zu Hause.

S 16: Wenn du an die Sache gedacht hast, hast du Schüttelfrost bekommen?

G 16: Ja.

S 17: Hattest du solche Angst?

G 17: Nein, Angst hatte ich eigentlich nicht. Jetzt habe ich manchmal Angst.

S 18: Hast du Angst vor der Strafe, oder hast du Angst, so etwas könnte sich noch einmal wiederholen?

G 18: Hm. (Pause.) Haben Sie so einen Durchschuß schon einmal gesehen?

S 19: Nein. (G zeigt seine Wunden.) Der Schuß ging aber nur durch das Fleisch.

G 19: Ich weiß nicht, aber es hat schrecklich wehgetan. Hier der Arzt wollte mir noch nach 14 Tagen eine Spritze geben.

S 20: Eine Tetanusspritze?
G 20: Ja, so eine Spritze, weil alles auf der Wunde geklebt hat. Ich hatte ja
noch die dreckige Hose von hier an. Sie war ganz rot ...
S 21: Und damit bist du immer weiter gelaufen?
G 21: Ja, das konnte ich auch nur, weil ich so Angst hatte. Ich habe da fast gar
nichts gespürt. Dann bin ich nach Hause gelaufen.
S 22: Und dein Vater hat dich hierhergefahren?
G 22: Hm.
S 23: G, ich muß jetzt gehen. Es ist schon zehn nach zwölf. Meinst du, wir soll-
ten noch einmal miteinander reden?
G 23: (sehr leise und zögernd, und doch auch bittend:) Ja, das wäre vielleicht
gut.

Der Seelsorger berichtete, daß ihm bereits beim Aufzeichnen dieses Gesprächs aufgegangen sei, was sich hier abgespielt habe. Deshalb brauchen
wir im folgenden im wesentlichen nur seinen eigenen Kommentar wie-
derzugeben.
Der Anfang des Gesprächs ist gekennzeichnet durch eine Verärgerung
seitens des Seelsorgers, die deutlich durch S 1 hindurchzuhören ist. Es ist
die erste Begegnung mit dem Jungen nach seiner Flucht. Der hatte diesen
Besuch erbeten. Als der Seelsorger ihn aufsucht, schläft er. Der Seelsorger kann seinen Ärger kaum verbergen: über die Flucht des Jungen und
was während der Flucht passiert ist, über sein vergebliches seelsorgeri-
sches Bemühen während seiner Haftzeit — und jetzt liegt er da und
schläft: „Es geht dir also gar nicht so schlecht hier?"
Der Junge läßt sich durch den Ärger des Pfarrers nicht abhalten, ausführlich zu berichten. Es ist nicht zufällig, daß das Protokoll an dieser
Stelle nur eine allgemeine Zusammenfassung ist. Der Seelsorger hört
nämlich gar nicht zu. Er hört kaum, was ihm erzählt wird. Sein Ärger
hindert ihn daran und der Gedanke, daß es dem Häftling ja doch nur
darum gehe, seine Schuld zu verharmlosen und seiner Strafe möglichst
zu entgehen. Er teilt aus dieser langen Passage nur ein paar Sätze mit,
die ihm aufgefallen und deshalb wörtlich im Gedächtnis haften geblieben
sind: „Das Geschoß war ja zum Töten! Zum Töten war das, nicht nur zum
Verwunden!" So geht der Seelsorger auf das, was ihm der Junge erzählt,
nicht ein, sondern versucht, ihn ein wenig schulterklopfend aufzumun-
tern. Die paar Jährchen wird er ja wohl noch überstehen! An dieser
Stelle hat das Gespräch schätzungsweise vierzig Minuten gedauert. Der
Seelsorger macht Anstalten, die Zelle wieder zu verlassen. Da sagt der
Junge: „Ich habe meinem Vater geschrieben, daß er mir einen Arzt von
draußen schickt. Der soll mich einmal untersuchen. Ich meine nicht so
einen Arzt, sondern einen Psychiater oder Psychologen." Bei diesen Wor-

ten, so berichtet der Seelsorger, sei er plötzlich aufgewacht. Er spürt, daß der Junge ihm damit signalisiert, er habe ein wichtiges Anliegen, und zugleich, daß er ihn selber nicht für geeignet hält, sich damit zu beschäftigen. Er hätte sich ohrfeigen können und versucht nun, sich auf ihn einzustellen: „Ein Arzt soll dich gründlich untersuchen." Jetzt nennt der Junge auch, was ihn so bewegt: „Ja, ich will einmal wissen, warum ich immer solche Sachen mache." Mit den Worten „Alleine kannst du es nicht finden" trifft der Seelsorger dann offenbar genau die Situation des Jungen, der sehr emotioniert sagt: „Nein. Ich finde es nicht. Die ganze Zeit überlege ich schon. Deshalb bin ich ja so unruhig und nervös." (Er bekommt Sedativa zur Beruhigung.) Der Pfarrer berichtet, dieser Satz sei der Höhepunkt des ganzen Gesprächs gewesen. Er möchte ihm helfen, die Gründe für sein kriminelles Verhalten aufzudecken: „Du möchtest also herausfinden, warum du die Straftaten und auch diese Sache wieder gemacht hast." Liest man das Protokoll jetzt weiter (G 5 — G 10) und richtet sein Augenmerk vor allem auf das, was der Seelsorger sagt, so muß man feststellen, daß von Satz zu Satz das Interesse des Seelsorgers deutlicher zum Vorschein kommt. Er möchte herausfinden, warum der Häftling sich so verhalten hat, er möchte erreichen, daß der Junge sich endlich zu seiner Schuld bekennt. Seine Fragen klingen immer mehr nach denen eines Untersuchungsrichters: „Hat dich das Gewehr, das du jetzt hattest, auch so fasziniert?" „Du wußtest auch, daß es so leicht losgeht?" (S 8, S 9) Es ist nicht zufällig, daß der Junge, während er immer freimütiger spricht, sich plötzlich an das Gericht erinnert: „Bei Gericht muß ich mich zwar dumm stellen. Ich kann ja nicht zugeben, daß ich das Gewehr ganz genau kannte" (G 8). Das ist ein halbes Geständnis. Der Pfarrer fragt nach: „Du wußtest auch, daß es so leicht losgeht?" „Natürlich", erwidert der Junge. „Ich weiß aber nicht, warum ich das eigentlich gemacht habe." Der Pfarrer ist sich der ganzen Tragweite seiner nächsten Frage bewußt: „Warum du eigentlich geschossen hast?" Das war eine Fangfrage. Der Junge sagt: „Ja" und schweigt.

An dieser Stelle ist ganz deutlich, wie sehr die Interessen des Jungen und die des Seelsorgers auseinandergehen; der Junge fragt sich, warum und wie er so etwas tun konnte. Der Pfarrer — befangen in dem Vorurteil, daß der Junge nur darauf aus ist, seine Schuld abzuleugnen — will ein Geständnis. Unvermittelt fragt der Junge: „Haben Sie schon einmal so einen Schuß abbekommen?" (G 10) Der Pfarrer verneint und betont zugleich, daß er auch noch nicht ernsthaft geschossen habe (im Gegensatz zu dem Jungen!); der Junge berichtet über den Schmerz, und der Pfarrer setzt wieder seinen Bohrer an: „Und in diesem Schmerz hast du dann zurückgeschossen?" Der Junge sagt wieder „Ja" und schweigt lange. Und dann spricht er aus, was er nicht vergessen kann, was ihm wie ein Bild vor Augen steht, „wie das Glas splittert, und der Mann — alles *ist* rot" (G 12). Jetzt wird der Pfarrer zum Kriminalbeamten. Kühl fragt er nach: „Wieso splittert Glas? Hast du durch die Scheibe geschossen?" Der Junge bejaht. Und jetzt hat er ihn! Der Sack kann zugebunden werden: „Wie hat denn der Mann auf dich geschossen? Ich denke, die Tür von dem Auto war auf!" Also hat der Junge zuerst geschossen. Hier antwortet er nicht mehr mit „Ja", sondern sagt unwillig: „Auf jeden Fall hat Glas gesplittert." Er hatte ja über etwas anderes reden wollen.

Der Seelsorger spürt an dieser Stelle, daß der Faden abzureißen droht. Er hat aber auch das unbestimmte Gefühl, daß mit dem Geständnis das Gespräch noch nicht zu Ende ist. So setzt er an dem Punkt ein, wo er die Betroffenheit des Jungen sehr deutlich gemerkt hatte, bei dem Bild, das er vor sich sieht (S 15), und der Junge erzählt dann auch weiter, wie er in Panik davongelaufen ist. Der Seelsorger möchte der Angst des Jungen auf die Spur kommen: „Hast du Angst vor der Strafe, oder hast du Angst, so etwas könnte sich noch einmal wiederholen?" (S 18). Aber das ist es nicht. Der Junge sagt nur „Hm" und fragt dann unvermittelt: „Haben Sie so einen Durchschuß schon einmal gesehen?" (In G 10 hatte er ebenso unvermittelt gefragt, ob der Pfarrer schon einmal einen solchen Schuß abbekommen habe.) Der Pfarrer verneint. Der Junge zeigt die Schußwunden. Der Pfarrer verharmlost: „Der Schuß ging aber *nur* durch das Fleisch" (S 19). Diese Verharmlosung ist dem Jungen nicht recht. Er versucht, das Schmerzhafte und Gefährliche einer solchen Wunde zu unterstreichen. Während dem Pfarrer daran gelegen ist, nun auch noch den Schluß der Geschichte zu erfahren: „Und damit bist du immer weitergelaufen" (S 21); „und dein Vater hat dich hierhergefahren?" (S 22). Auf diese letzte Frage sagt der Junge nur „Hm". Der Pfarrer verabschiedet sich und bedeutet dem Häftling, daß er ihm schon mehr Zeit gewidmet habe, als ursprünglich vorgesehen. „Es ist schon zehn nach zwölf."

Den Schluß des Gesprächs (über die Fleischwunde des Jungen) hielt der Pfarrer für ziemlich sinnlos. Das interessierte ihn nicht mehr. Wir sahen, daß es für den Jungen selber wohl ein wichtiges Thema war. Das wird dadurch bestätigt, daß es — in etwas anderer Gestalt — vorher schon einmal auftauchte (G 10). Auch die Sätze aus dem Anfang des Gesprächs, die dem Pfarrer im Gedächtnis geblieben sind, gehören in diesen Zusammenhang: „Das Geschoß war ja zum Töten! Zum Töten war das, nicht nur zum Verwunden! Wenn der das *hierher* bekommen hätte,

dann hätte er hinten im Rücken *so* ein Loch gehabt!" Das klingt nach
Erschrecken. Sehr wahrscheinlich spricht der Junge auch in G 10 und
selbst in G 18 weniger von der Wunde, die er empfangen hat, als von
dem Entsetzen über das, was er einem anderen zugefügt hat (und hätte
zufügen können). Es ist nicht die Angst vor der Strafe, auch nicht die
Furcht, daß sich so etwas wiederholen könnte, was den Jungen bewegt
(deshalb antwortet er auf die entsprechende Frage S 18 nur mit einem
„Hm"), vielmehr ist es das blanke Entsetzen („Haben Sie so einen
Durchschuß schon einmal gesehen?" G 18) vor dem Blut; „ich kann es
nicht vergessen; wie das Glas splittert, und der Mann — alles ist rot"
(G 12); das Blut an dem Dolch aus Vietnam läßt ihn erschauern: das
kann noch faszinieren. Aber das Blut, das er selber vergossen hat, ent-
setzt ihn. Es ist, als ob der Junge aus einer Traumwelt erwacht. In seinen Träumen war er der große Abenteurer. Waffen spielen für ihn die
Rolle, daß er träumt, „wie damit gekämpft wurde" (G 6). Durch den
Schuß, den er selber abgab, ist er jäh aus seinen Tagträumen herausgeris-
sen worden. Er hat das Blut gesehen: „alles ist rot", und er erschrickt:
„Das Geschoß war ja zum Töten! Zum Töten war das!" Und er fragt
sich: wie konnte ich nur so etwas tun (G 3, G 4, G 9).
Das hat der Seelsorger nicht erkannt. Und so hat er seine Chance ver-
tan, dem Jungen zu einem endgültigen Erwachen zu verhelfen. Er hat
vielmehr die Rolle eines Untersuchungsrichters gespielt (ohne zu wissen,
was er tat, denn natürlich war er gekommen, um dem Gefangenen zu
helfen!), und dadurch die Angst vor der Bestrafung verstärkt. Der Pfarrer berichtete, daß sich der Junge in den folgenden Gesprächen wieder
vollkommen in sich zurückgezogen und abgeschirmt habe. Es sei ihm
nicht möglich gewesen, bei den Dingen wieder anzuknüpfen, die in diesem Gespräch verheißungsvoll zur Sprache gekommen waren.

Gespräch mit einer psychisch Kranken

Das folgende Gespräch findet in einer psychiatrischen Klinik statt. Die Patientin ist eine etwa 55jährige Frau. Dem Seelsorger fällt auf, daß sie sehr aufrecht auf ihrem Stuhl im Sprechzimmer sitzt, als ob sie „Haltung" bewahren müßte. Nachdem der Seelsorger sich vorgestellt hat, sagt die Patientin:

P 1: Ich heiße P. Ich komme aus X in der Nähe von Y. Das ist wohl das erste Mal, daß hier ein Geistlicher, ich meine von der evangelischen Kirche, herkommt? Ich habe das oft bedauert. Der katholische Pfarrer hält hier regelmäßig Sprechstunden.

S 1: Ja. Ich bin heute das erste Mal hier und denke, daß ich jetzt regelmäßig einmal in der Woche komme. Die beiden evangelischen Krankenhauspfarrer unserer Stadt sind überlastet.

P 2: Ich weiß es auch von anderen Patienten hier, daß sie es vermißt haben, daß nie ein Geistlicher kam und Trost spendete. Das haben hier viele nötig, wissen Sie. Ich bin schon sehr oft hier gewesen. Ich habe schwere Depressionen. Ganz plötzlich überfällt es mich, von einem Tag auf den anderen. Das ist ganz furchtbar. Aber seit letzten Freitag fühle ich mich besser. Ich möchte jetzt möglichst schnell wieder nach Hause.

S 2: Wie lange sind Sie jetzt hiergewesen?

P 3: Diesmal waren es acht Wochen. Es hat auch schon kürzer gedauert. Das letzte Mal konnte ich nach vier Wochen schon wieder nach Hause. Aber diesmal war ich wohl schon zu weit heruntergekommen. Das Furchtbare ist das Wissen, daß es immer und immer wiederkommt. Wenn mir das früher jemand gesagt hätte ... Das sind schreckliche, ganz dunkle Zeiten. Das begreift niemand.

S 3: Man fühlt sich dann auf einer Insel, völlig alleine und vereinsamt.

P 4: Man fühlt sich von allem abgeschnitten. Ein dickes Brett vor einem und links und rechts, ganz eingeengt. Und das Entsetzliche ist, daß man dann auch nicht mehr glauben kann.

S 4: Selbst daran kann man sich dann nicht mehr festhalten. Ich begreife es.

P 5: (heftig) Das *können* Sie gar nicht begreifen, Herr Pastor. Das kann niemand begreifen, der es selber nicht durchmacht. Ich habe es früher auch nicht begriffen, daß es so etwas geben könnte. Man hat dann das Gefühl, daß man sich nur noch fallen lassen kann.

S 5: Sie können sich nur noch fallen lassen. Sie können sich nirgendwo mehr festhalten. Das einzige, was ich Ihnen darauf sagen kann, ist dies: daß Sie nicht ins Leere fallen. Gott hält sie fest. Er fängt Sie auf. Auch, wenn Sie das in dem Augenblick nicht mehr glauben können.

P 6: Nein, das kann man dann nicht mehr glauben. Im Gegenteil. Ich bete sonst wohl und lese in der Bibel. Aber dann kann selbst das Wort Gottes nicht mehr zu mir durchdringen. Ich weiß, daß ein großer Gebetskreis hinter mir steht. Aber er kann auch nicht helfen. Niemand kann helfen. Man ist dem Teufel ausgeliefert.

S 6: Wenn ich es selber auch nicht mitgemacht habe — ich weiß, daß dies eine furchtbare Krankheit ist. Es kommt aber zuletzt nicht darauf an, ob wir noch glauben können oder nicht, ob wir uns am Wort Gottes festhalten können oder nicht, sondern ob Gott uns festhält. Und das tut er.

P 7: Das Furchtbare ist, daß ich das Gefühl habe, daß es von Mal zu Mal schlimmer wird. Das sind bestimmte Stufen, die man durchmachen muß. Zuerst fühlt man sich von Gott verstoßen. Und dann ist es die Sünde wider den Heiligen Geist, die nie vergeben werden kann. Und zuletzt fühlt man sich überhaupt von Gott beiseite gestellt ... Aber seit Freitag geht es wieder etwas besser. Ich kann jetzt wieder leben. Ich denke, daß ich bald wieder nach Hause kann ... Waren Sie schon mal bei der Frau B.? Ich habe sie gestern noch besucht. Die hat es sehr schwer. Sie hat es noch schwerer als ich. Die wird sich sicher freuen, wenn Sie sie besuchen. Aber Frau Pastorin X. kümmert sich auch um sie ... Ich will Ihre Zeit jetzt nicht länger in Anspruch nehmen. (Verabschiedung.)

Der Seelsorger hat dies Gespräch als eine heftige Anklage gegen ihn sowie gegen seine gesamte Kirche erlebt, auch als er erkannte, daß die Aggression der Patientin am Anfang des Gesprächs mit ihrer Krankheit in Zusammenhang stand, indem sie nämlich gegen das Gefühl der totalen Isolation ankämpfte, auch als er erfuhr, daß es nicht „das erste Mal" war, daß ein Pastor seiner Kirche dies Krankenhaus betrat. Er mußte sich dennoch selbst eingestehen, daß die Kirche sich die Seelsorge an den psychisch Kranken schuldhaft vom Leibe gehalten hat. So klingt sein Entschuldigungsversuch (P 1) auch recht schwach. Er fühlt sich selber nicht wohl dabei.

Der Seelsorger gerät weiter ganz unter den Eindruck der Worte der Patientin, die — im Stadium des Abklingens ihrer Depression — ihr Erleben schildert. Dabei steht sie noch ganz im Bann der Krankheit. Er versucht ernsthaft, sich in sie hineinzuversetzen. Er sagt: „Ich begreife es" (S 4). Die Reaktion der Patientin darauf ist für ihn unerwartet und sehr heftig: „Das *können* Sie gar nicht begreifen, Herr Pastor. Das kann niemand begreifen, der es selber nicht durchmacht ..." (P 5).

Damit hat sie völlig recht. Dem Pfarrer ist die Welt der depressiven Patientin tatsächlich uneinsichtig. Hier ist sein Verstehen an eine Grenze gekommen. Es ist geradezu ein wichtiges Kennzeichen dieser Krankheit

(wie aller schwerer psychischen Erkrankungen), daß sie nicht ohne weiteres begreifbar und für den Gesprächspartner nicht einfühlbar ist. Sagt
er hier zu schnell: „Ich begreife es", so gibt er dem Kranken damit zu erkennen, daß er gerade nichts von seinem Leiden verstanden hat. Das
stößt den ohnehin Vereinsamten nur noch tiefer in die Einsamkeit zurück. Von daher ist die Heftigkeit der Reaktion der Patientin erklärlich.
Es ist nicht auszumachen, ob es dies Unverständnis des Pfarrers gewesen
ist, was verhindert hat, daß die Patientin etwas von dem Trost, den er
ihr zu sagen versuchte, annehmen konnte, oder ob sie noch zu sehr in
ihrer Krankheit gefangen war. Auf das Angebot in S 5 antwortet sie:
„Nein, das kann man dann nicht mehr glauben ...", und auf den Versuch des Pfarrers in S 6 geht sie überhaupt nicht ein. Schließlich macht
sie ihn noch auf eine andere Patientin aufmerksam, um sogleich zu sagen: „Aber Frau Pastorin X kümmert sich auch um sie" — das heißt mit
anderen Worten: du brauchst gar nicht hinzugehen. So wenig Vertrauen
hat sie zu diesem Pfarrer. Er konnte sie ja auch nicht verstehen. Und
dann verabschiedet sie ihn: „Ich will Ihre Zeit jetzt nicht länger in Anspruch nehmen."
Der Pfarrer fühlte sich sehr verunsichert. Sowohl sein Bemühen, die Patientin zu verstehen, als auch sein Versuch, ihr etwas Hilfreiches zu sagen, waren fehlgeschlagen. Durch die Blockierung der Kommunikation
mit der Patientin fühlte er sich selber in Frage gestellt. Und wurde dadurch nicht auch die Tragfähigkeit des Glaubens fragwürdig? Was kann
er angesichts dieser Patientin und angesichts dieser Krankheit tun? Zunächst bedeutete es für ihn bereits eine Hilfe, daß er sein Gespräch auf-
zeichnete und sich über seine eigenen Gefühle und Reaktionen Klarheit
verschaffte. Sodann war für ihn die Information des Psychiaters aufschlußreich, die er in dem Kurs klinischer Seelsorgeausbildung erhielt.
Er lernte etwas über das Krankheitsbild und den Krankheitsverlauf der
Depression. Nicht, daß ihn diese Information dazu verführen sollte,
seine Rolle zu wechseln und fortan gegenüber der Patientin den Thera-
peuten zu spielen, vielmehr sollte ihn die Einsicht in die Symptome und
den Verlauf der Krankheit sowie in die Möglichkeiten der Therapie dazu verhelfen, seiner eigenen Rolle treu zu bleiben, nämlich auch das zu
ertragen, was für ihn nicht einfühlbar ist; das bedeutet konkret: psychisch kranken Menschen nicht resigniert den Rücken zu kehren (weil
man ihnen ja doch nicht helfen könnte), sondern sie im Gegenteil regelmäßig zu besuchen. Das Dabeibleiben ist in dieser Situation wichtiger
als das gesprochene Wort. Aus der Information über die Krankheit ergeben sich auch bestimmte Regeln für das Verhalten gegenüber dem Pa-

tienten: „Für den psychiatrischen Laien . . ., soviel man von der Depression auch verstehen lernen kann, gilt doch als einzige, eiserne Regel, die jeder beherzigen sollte: zuhören und nochmals zuhören. Nicht argumentieren, nicht kritisieren, nicht meinen, auch nicht wohlwollend . . . Jeder Interpretationsversuch, jede Stellungnahme, jedes etwa: ‚Ich kann mich auch erinnern, daß in meiner Kindheit . . .‘ schließt ebenso aus wie Urteile, Qualifikationen oder Vergleiche wegen der erhöhten narzißtischen Kränkbarkeit des Depressiven, der ja in seiner Position gar nichts anderes kennt als nur sich . . .“[1]

Der Seelsorger ist an eine Grenze gekommen. Es gibt Situationen, in denen der Mensch nicht empfänglich ist für Trostworte und Gebete. Der Seelsorger muß dann gegen sein Bedürfnis, zu trösten, angehen und dem anderen dessen ungetröstete Angst belassen. Aber gerade dies ist dann seine seelsorgerische Aufgabe: die eigene Hilflosigkeit im Nichtverstehen und im Nichtverstandenwerden zu tragen, um eben darin dem Patienten zum Nächsten zu werden.

---

[1] T. Brocher, Psychoanalytische Aspekte der Depression, in: Wege zum Menschen, 18. Jahrg. 1966, S. 282.

Gespräch vor einer Ladentür

S gehört zu einem kirchlichen Besuchsdienst, der Besuche im Krankenhaus macht. Eines Tages wird sie in einem Geschäft, während sie von der Verkäuferin bedient wird, von einer Frau X (Mitte dreißig) angesprochen:

X 1: Haben wir uns nicht bei Frau M getroffen?

S 1: Ich glaube, Sie lagen im gleichen Zimmer — wenn ich mich recht erinnere.

X 2: Es geht Frau M ganz, ganz schlecht!

S 2: (sieht Frau X fragend an, macht ihre Einkäufe zu Ende, zahlt, verläßt den Laden und wartet draußen.)

X 3: (kommt aus dem Laden) Ich habe vor wenigen Tagen die Nichte (von Frau M) gesprochen. Sie ist fertig. Schon vor Weihnachten kam Frau M. in die Klinik, nach auswärts, weil der Kreislauf streikte. Wir hoffen nur, daß sie bald stirbt.

S 3: Wie gut, daß der Umzug noch kam, und der Mann nun die warme Einzimmerwohnung hat!

X 4: Er wird den Tod der Frau auch nicht überleben. Er war sehr mit den Nerven herunter. Anderthalb Jahre geht das nun schon seit der Amputation der Frau. — Ich denke immer, die beiden möchte ich gern besuchen, aber es hat doch keinen Zweck. Ich sitze dann nur neben dem Bett und weine. Es ist, als ob ich mitsterbe.

S 4: Sie sind Frau M nahegekommen in den Monaten (im Krankenhaus).

X 5: Meine Familie sagt, ich soll mir nicht alles so zu Herzen nehmen, aber ich bin nun mal so. Mein Mann und ich, wir hatten beide eine schwere Kindheit und Jugend. Das kann ich nicht einfach durchstreichen. Nun kommen die ständigen Rückenschmerzen dazu. Sobald ein Bett frei ist, komme ich in die Neurochirurgie.

S 5: Sie sind in Unruhe, was nun werden wird.

X 6: Es muß erst untersucht werden, ob noch was zu machen ist. Nur gut, daß meine Tochter schon 13 ist. Aber manchmal denke ich, alles ist düster und zu Ende. Ich kann keine Besuche bei Schwerkranken machen oder auf den Friedhof gehen. Und nun fängt das neue Jahr gleich wieder mit Krankheit an. Mein Mann verdient zwar ganz gut, aber Sie wissen ja, was eine Familie heute kostet.

S 6: Vielleicht ist es so, daß die, die nicht arbeiten, ein Ruhepunkt für die anderen, Gehetzten, sein können.

X 7: Aber wer hat heute Zeit? Wer ist wirklich noch Mensch?!
S 7: Sie leiden darunter, daß alles um Sie herum so beschäftigt ist ...
X 8: Nur gut, daß mein Mann mich versteht und mich nicht im Stich läßt. Es war schön, daß wir uns getroffen haben, aber ich muß nun schnell zum Bus.

Wer dies Gespräch auf sich wirken läßt, der versteht, daß S nach dem Abschied von Frau X ratlos und verwirrt zurückbleibt. Schon der Anfang ist ein Überfall. S ist mit ihren Gedanken beim Einkauf und wird unversehens von einer Frau neben sich angesprochen. Das Personengedächtnis von S ist bewunderungswürdig — sie hatte Frau M mehrfach im Krankenhaus besucht, Frau X lag im selben Zimmer, sie erinnert sich recht! X sagt nun: „Es geht Frau M ganz, ganz schlecht!" S berichtet, daß diese Nachricht sie erschreckt habe. Sie wußte nur, daß Frau M aus dem Krankenhaus entlassen worden war und zusammen mit ihrem Mann in eine bessere Wohnung umgezogen sei. *Diese* Nachricht kam für sie überraschend und überrumpelnd. Aber es ist noch etwas anderes, was in ihr ein Erschrecken auslöst. Der Ton, in dem Frau X das sagt, ist alarmierend. S hat das Gefühl: Die Frau will mir noch mehr sagen! So zahlt sie, verläßt den Laden und wartet dann vor der Tür.
Sie hat das Signal, das Frau X mehr in dem *Wie* als in dem *Was* ihrer Mitteilung abgegeben hat, richtig verstanden. Ohne jede Umschweife, ohne Einleitung oder Entschuldigung, daß sie S aufhält, sprudelt sie heraus: Sie hat vor wenigen Tagen die Nichte von Frau M gesprochen. „Sie ist fertig." Im Nachhinein klingt dieser Satz so: „Sie ist *auch* fertig" und läßt die Frage auftauchen, wer denn — außer der Nichte — *noch* „fertig" ist: Herr M, Frau M — oder meint X sich hier vielleicht selber? Gibt X hier ein weiteres Signal ab? „Wir hoffen nur, daß sie bald stirbt!" Ein weiteres Mal erschrickt S. Vom Sterben ist die Rede. Sie sagt: „Ich wußte mir an dieser Stelle nicht zu helfen." Vermutlich hat sich dabei ein Gefühl von X auf sie übertragen. Denn „Wir hoffen nur (wer ist dies „wir"?), daß sie bald stirbt" spricht doch von der eigenen Hoffnungslosigkeit und Ratlosigkeit!
Wie geht S nun mit ihrer eigenen Hilflosigkeit an dieser Stelle um? Nur zu verständlich! Sie sucht nach einem Halt, nach etwas Positivem und Hilfreichem. „Wie gut" — das ist ein Ausruf! „Wie gut, daß *wenigstens* der Mann jetzt gut versorgt ist!" Normalerweise hätte Frau X darin einstimmen können. Auffallenderweise kann sie sich damit aber nicht trösten — ein Signal dafür, daß dieser Trost *ihre eigene Befindlichkeit* nicht erreicht. Sie weist ihn strikt zurück, und zwar wiederum mit dem Hinweis auf das sichere Ende des Mannes: „Er wird den Tod der Frau auch nicht überleben." Und wiederum steht dort ein verräterisches

„*auch*". Nach dem Hinweis auf die mitgenommenen Nerven des Mannes, mit dem sie ihre Zurückweisung absichert, spricht Frau X plötzlich von sich selber. Sie möchte die beiden gern besuchen. Darauf sagt sie ein überaus wichtiges „*aber*". Sie kann es nicht. Und dies begründet sie nun dreifach. Einmal hat es ja doch keinen Zweck. Und dann kann sie nichts anderes als weinen (wir können vermuten, daß sie damit auch etwas über ihre Befindlichkeit hier und jetzt aussagt: ihr ist zum Weinen zumute), und schließlich (ohne jedes „wenn" oder „dann"): „Es ist, als ob ich mitsterbe!"

Wer diesen Satz auf sich wirken läßt, versteht, daß die Seelsorgerin sich an dieser Stelle aufgerufen fühlt, Frau X aufzufangen. „Sie sind Frau M. nahegekommen in den Monaten." Das ist eine *positive* Deutung der Betroffenheit, die S an Frau X erlebt und die ihr unheimlich und unerklärlich ist. *Deshalb* sucht sie nach einer positiven Deutung. Und wahrscheinlich hat sie mit dem, was sie sagt, gar nicht so unrecht. Jedoch die Fortsetzung (X 5) zeigt, daß es Frau X in diesem Augenblick weniger darum geht, daß sie ihrer Mitpatientin nahegekommen ist; sondern umgekehrt und viel schlimmer: daß ihr irgendwas, was sie an Frau M erlebt, sehr nahe geht, *zu nahe geht,* so daß sie sich dessen nicht erwehren kann. „Meine Familie sagt: ich soll mir nicht alles so zu Herzen nehmen." Das sagt sie sich natürlich auch tausendmal selber! Aber das hilft nicht. „Ich bin nun mal so." Es folgt der Hinweis auf eine schwere Kindheit und Jugend. „Das (was eigentlich?) kann man nicht einfach durchstreichen." Wer ist dies „man"? Natürlich sie selber — vielleicht aber hat sie insgeheim Sorge, auch die Seelsorgerin könnte geneigt sein, das, was sie sich so zu Herzen genommen hat, durchzustreichen.

Den nächsten Satz leitet sie mit einem „Nun" ein und zeigt damit, daß sie beim „Hier und Jetzt" ihrer Situation ist. „Nun kommen die ständigen Rückenschmerzen dazu. Sobald ein Bett frei ist, komme ich in die Neurochirurgie."

S durchfährt ob dieser Mitteilung, die sie so völlig unvermittelt (und durch die verschiedenen Signale bereits alarmiert) trifft, ein Schock. Mit ihrer Reaktion, so sagt sie, wollte sie erst einmal selber Luft holen: „Sie sind in Unruhe, was nun werden wird." Zugleich gibt sie aber gerade damit Frau X die Möglichkeit, ihre Unruhe auszusprechen. Ob noch was zu machen ist? Wie gut, daß die Tochter sich schon selber helfen kann. Manchmal denkt sie, es sei zu Ende. Und dann stellt sie selber den Zusammenhang zu X 4 her. Sie ist selber so belastet, daß sie keine Schwerkranken besuchen kann. Sie hat selber so düstere Gedanken, daß sie den Friedhof meidet. Und obgleich der Mann „ganz gut verdient", zweifelt sie doch daran, ob die Familie ohne sie auskommen kann. Und es ist offenbar, daß es dabei um viel mehr geht als um das Geld, daß sie durch ihre Arbeit der Haushaltskasse beisteuert.

Der Leser male sich die Situation aus. Da stehen zwei Frauen vor einer Ladentür, ihre Einkaufstaschen vollbepackt. Passanten gehen vorbei, von manchen werden sie angestoßen, weil sie im Weg stehen. Die Ladentür öffnet und schließt sich fortwährend. Verkehr braust lärmend vorbei. Und mitten in dem Getriebe und der Unruhe teilt die eine Frau der anderen etwas von ihren Todesängsten mit.

Der nüchterne Beobachter fragt sich, ob denn die objektiven Tatbestände derartige Angstzustände rechtfertigen. Rückenschmerzen und die Behandlung auf einer neurochirurgischen Station eines Krankenhauses bedeuten doch keinesfalls eine akute Bedrohung des Lebens! Aber zu solch nüchterner Distanz ist die Seelsorgerin in diesem Augenblick keinesfalls imstande. Sie sieht sich einer Frau gegenüber, die von ihren Gefühlen überschwemmt wird, die sich seit je her „alles so zu Herzen nimmt", daß sie es niederdrückt. Sie sieht überall „Tod", sie sieht schwarz, vor allem, wenn sie in ihre eigene Zukunft blickt. Und angesichts des bevorstehenden Krankenhausaufenthaltes kann sie sich ihrer Gefühle vollends nicht mehr erwehren.

Die Seelsorgerin fühlt sich diesen depressiven Gefühlen ausgeliefert. Es ist, als ob sie sich in unmittelbarer Nähe eines Strudels befindet, der sie mit in die Tiefe zu ziehen droht. Und dagegen stemmt sie sich nun. Sie sucht nach einem „Trostpflaster", wie sie es in dem Nachgespräch selber nennt, um damit jene Tiefe zu verschließen, die ihr selber gefährlich zu werden droht. Und doch weiß sie schon in demselben Augenblick, in dem sie ihren „Trost" ausspricht, daß er völlig verfehlt ist. Sie sagt: „Vielleicht ist es so, daß die, die nicht arbeiten, ein Ruhepunkt für die anderen, Gehetzten sein können." (In der Gesprächsanalyse erinnert sie sich eines weiteren Satzes dieser Art, den sie Frau X bereits im Zusammenhang mit X 5 gesagt hat: „Nur, wer selber viel durchgemacht hat, kann andere verstehen.")

Die Reaktion von Frau X ist aggressiv. Sie ruft aus: „Aber (!) wer hat heute Zeit? Wer ist wirklich noch Mensch?!" Das klingt verzweifelt. Unverständlich ist das nicht. Denn die Seelsorgerin hat ja in einer Art Umkehrung des Bedürfnisses, das die Frau hat, diese auf sich selber zurückgeworfen. Frau X braucht ja nichts so sehr als einen Menschen, der die „Ruhe" hat, ihr zuzuhören, und der angesichts ihrer bedrohlichen Gefühle bei ihr bleibt. Die Seelsorgerin aber versucht die Ruhelose damit zu trösten, daß sie nun ja selber Ruhepol sein könne. Und derjeni-

gen, die um Verständnis ringt, mutet sie die Aufgabe zu, andere zu verstehen! Dies kann Frau X nur als strikte Abweisung empfinden, und
dies ist umso schmerzlicher für sie, als sie ja ihre ganze innere Not of-
fengelegt hat. Ihre Verzweiflung ist verständlich: „Wer ist denn wirklich noch Mensch?"

S versucht mit ihrem nächsten Satz (S 7), dies aufzufangen, aber Frau X
nimmt das nicht mehr wahr. Sie sagt: „Nur gut, daß (wenigstens) mein
Mann mich versteht und mich nicht im Stich läßt." Wenn wir uns daran
erinnern, daß sie zuvor (X 5) gesagt hat, daß auch ihre Familie sie zu
beschwichtigen versucht, dann ist es wahrscheinlich, daß dieser Satz
mehr über die Enttäuschung in ihrer Beziehung zu S aussagt als über die
tatsächliche Hilfe seitens ihres Mannes.

Der Abschied ist abrupt. Dem „Es war schön, daß wir uns getroffen haben" folgt jenes „Aber" auf dem Fuß, welches das Vorhergehende in
Frage stellt. Die Frau *eilt fort.*

Die Frage bleibt offen, wie S der Frau in diesem Augenblick hätte helfen können. Zu nüchterner Einsicht wäre Frau X zweifellos nicht in der
Lage gewesen. Zu sehr ist ihre Fähigkeit, die Dinge sachlich zu betrach-
ten, von ihren depressiven Gefühlen überschwemmt. Aus demselben
Grund wäre sie vermutlich auch für keinen tröstenden Zuspruch zugänglich gewesen.

Die Seelsorgerin, die in der Gesprächsanalyse erkannte, wie sehr ihre eigene Angst vor dem Sog in die Depression ihr Verhalten bestimmte, und
die in der Gruppe ihre Schuldgefühle angesichts ihres Versagens verarbeiten konnte, sprach die Hoffnung aus, daß sie mit dieser gewonnenen
Kenntnis im Blick auf die eigenen Gefühle das nächste Mal in einer ähnlichen Situation besser standhalten würde. Sie akzeptierte, daß wir in einem solchen Fall keinen Trost zur Verfügung haben, sondern uns „nur"
selbst anbieten können, das heißt, dem anderen Mensch sein und Zeit
für ihn haben. Nicht mehr, aber auch nicht weniger erwartete Frau X
von ihrer Gesprächspartnerin, wenn sie ausruft: „Wer hat heute Zeit?
Wer ist wirklich noch Mensch?"

Ein Gespräch aus der Telefonseelsorge

Die Telefonseelsorge ist mit einer Laien-Helferin (S) besetzt, als morgens gegen 10 Uhr das Telefon klingelt.

S 1: Telefonseelsorge.

X 1: Frau A. Ich wollte gern einmal sprechen über Schwierigkeiten mit unserem Sohn. Kann ich es mit Ihnen besprechen, oder sind Sie noch sehr jung?

S 2: Ich bin beinahe sechzig.

X 2: Dann können Sie wohl etwas davon verstehen.

S 3: Sie sagten, daß es Schwierigkeiten gab mit Ihrem Sohn?

X 3: Ja. Wir haben einen Sohn von 20 Jahren. Auch eine verheiratete Tochter, aber wegen des Sohnes haben wir immer Streit.

S 4: Wieso?

X 4: Er benimmt sich gut, lernt gut, hat eine gute Stelle und besucht zweimal in der Woche einen Kursus, um ein Diplom zu bekommen. Nun geht er zweimal im Monat abends mit einem etwas älteren Neffen in eine Bar, wo er etwas trinkt und sich mit Freunden trifft. Das will mein Mann nicht, weil er Angst hat, daß er zuviel trinken könnte und in schlechte Gesellschaft gerät. Jedesmal haben wir darüber wieder Krach. Einmal kam Hans um 2 Uhr nachts nach Hause. Mein Mann hatte die Haustür abgeschlossen. Hans hat eine halbe Stunde vor der Tür gewartet, bis ich meinen Mann so weit hatte, daß er die Tür öffnete. Das alles regt mich schrecklich auf.

S 5: Ja, das kann ich verstehen.

X 5: In ein paar Wochen muß ich mich einer Gallenoperation unterziehen. Was wird passieren, wenn die beiden Männer zusammen zu Hause sind? Können Sie verstehen, daß das schwierig ist? Das kann ich Freunden und Verwandten nicht erzählen. Man veröffentlicht seine Probleme doch nicht!

S 6: Tut es Ihnen gut, endlich einmal mit jemandem darüber reden zu können?

X 6: Das hilft ein wenig, die Spannung zu vermindern. Mein Sohn hat auch mal die Telefonseelsorge angerufen, und das hat ihm sehr geholfen, und jetzt versuche ich es auch. — Hans ist abends oft in seinem Zimmer und hört Schallplatten; ich gehe oft zu ihm hinein, und es ist dann sehr gemütlich. Er erzählt dann über alles, was er im Zimmer bei meinem Mann niemals tun würde. Ich ermutige ihn zu seiner Arbeit. Das tut ihm gut. Mein Mann ermutigt ihn nie, er unterdrückt ihn immer. Ich sage manchmal zu meinem Mann: „Bist du vielleicht eifersüchtig, weil ich ein gutes Verhältnis zu Hans habe?" Darauf sagt er: „Ihr haltet mir gegenüber zusammen!" Aber vor kurzem brachte er Hans mit dem Wagen zum Kursus, weil

schlechtes Wetter war. Das war doch nett von ihm? Wie soll ich ihm beibringen, daß er nicht so autoritär sein soll?

S 7: Ist es vielleicht möglich, daß Ihr Mann große Schwierigkeiten hat, Hans
selbständig werden zu lassen? Es ist ja auch nicht so einfach für Eltern,
langsam in den Hintergrund geschoben zu werden. Tritt er vielleicht so autoritär auf, um seine eigene Unsicherheit zu vertuschen? Versuchen Sie Ihrem Mann klar zu machen, daß Sie *doch* zu ihm stehen und nicht gegen ihn
sind. Sagen Sie ihm, daß Sie es auch nicht so einfach finden und auch
Schwierigkeiten haben, einzusehen, daß ein Junge von zwanzig Jahren langsam ein Recht darauf hat, sein eigenes Leben zu leben, auch wenn dies anders geartet ist, als man es sich als Eltern vorgestellt hat, daß Sie Ihrem Jungen Ihr Vertrauen schenken müssen. Dann hat Ihr Mann vielleicht das Gefühl, daß er sich nicht zu verteidigen braucht gegen eine Front von Frau
und Sohn. Vielleicht überlegen Sie auch einmal zusammen, ob es nicht gut
wäre, wenn Ihr Sohn langsam aus dem Haus ginge. Haben Sie schon einmal
an die Möglichkeit gedacht, sich an eine Beratungsstelle zu wenden?

X 7: Ja, gedacht habe ich schon daran. — Auf jeden Fall bin ich froh, daß
ich das alles mal aussprechen konnte. Das erleichtert sehr. Vielen Dank und
auf Wiederhören!

S 8: Alles Gute! Auf Wiederhören!

Auf den ersten Blick macht dies Gespräch einen gelungenen Eindruck.
Eine Frau ruft die Telefonseelsorge an, faßt Vertrauen und offenbart
ihre Problematik, einen familiären Konflikt. Dann stellt sie eine Frage:
„Wie soll ich meinem Mann beibringen, daß er nicht so autoritär sein
soll?", und die Mitarbeiterin versucht darauf behutsam zu antworten,
nicht ohne psychologische Kenntnis und psychologisches Geschick. Die
Frau ist offensichtlich erleichtert und bedankt sich für das Gespräch.
Die Seelsorgerin selber war allerdings mit diesem Gespräch nicht zufrieden. Sie hatte das Gefühl, das Gespräch sei nicht zu Ende geführt, sondern abgebrochen worden. Sie zweifelte selber daran, ob sie der Anruferin weitergeholfen hätte. Ihre Unzufriedenheit mit dem Gespräch veranlaßte sie, es in die Gruppe zu bringen. Sie wünschte Klarheit darüber,
was sich in dem Gespräch abgespielt hatte.

Die Gruppe entdeckte am Schluß des Gesprächs ein Signal dafür, daß
vielleicht auch die Anruferin den Hörer enttäuscht aus der Hand gelegt
haben könnte. Auf den Hinweis der Seelsorgerin: „Haben Sie schon einmal daran gedacht, sich an eine Beratungsstelle (für Ehe- und Erzie-
hungsfragen) zu wenden?" antwortet die Anruferin wenig überzeugend:
„Ja, gedacht habe ich schon daran." Das dahinter stehende „aber…"
blieb unausgesprochen, war aber dennoch deutlich „zwischen den Zeilen" zu spüren. Dann fährt die Anruferin fort: „Auf jeden Fall bin ich
froh, daß ich das alles mal habe aussprechen können. Das erleichtert

sehr." „Auf jeden Fall" — das klingt wie „wenigstens". Wenigstens aussprechen habe ich das alles mal können. Und das ist immerhin schon etwas. Schwingt in dem Schluß des Gesprächs eine leise Enttäuschung seitens der Anruferin mit? Die Seelsorgerin meint, die müsse sie wohl gespürt haben, denn dann sei ihr auch ihre eigene Unzufriedenheit und der Zweifel, ob sie habe helfen können, verständlich.

Mit der Frage, warum das Gespräch doch nicht so befriedigend war, wie es zunächst aussah, wenden wir uns diesem zu.

Die Mitarbeiterin der Telefonseelsorge meldet sich anonym. Die Anruferin sagt ihren Namen und ihr Anliegen. Dann fragt sie: „Kann ich es mit Ihnen besprechen, oder sind Sie noch sehr jung?" Offenbar befürchtet sie, daß ein „sehr junger" Gesprächspartner sie nicht verstehen könne. Sie sucht einen Gesprächspartner, der ein Problem verstehen kann, das mit ihrer eigenen Altersstufe zusammenhängen muß. Die Auskunft der Seelsorgerin, sie selber sei beinahe sechzig Jahre alt, stellt sie zufrieden. „Dann können Sie wohl etwas davon verstehen."

Die Seelsorgerin läßt ein Signal, das die Anruferin gleich zu Beginn ihres Kontaktes setzt, unbeachtet. Wir werden im Verlauf der Gesprächsanalyse versuchen, die Bedeutung dieses Signals zu verstehen. Die Seelsorgerin sagt selber, sie habe es an dieser Stelle eilig gehabt, „zur Sache" zu kommen. Ihr ginge es bei derlei telefonischen Kontakten regelmäßig so, daß sie Angst habe, der Anrufer könnte den Hörer gleich wieder auflegen. So fragt sie, die Worte der Anruferin aufnehmend: „Sie sagten, daß es Schwierigkeiten gab mit Ihrem Sohn?" Dabei fällt freilich auf, daß sie — im Gegensatz zu der Frau selber (X 1, auch X 3) — von diesen Schwierigkeiten *in der Vergangenheit* spricht und damit, ohne sich dessen in dem Augenblick bewußt zu sein, ein vorsorgliches Bedürfnis nach Distanz zu den Schwierigkeiten, die da womöglich auf sie zukommen, äußert.

Unvermittelt spricht die Anruferin jetzt von „wir". „Wir haben einen Sohn von 20 ... wegen des Sohnes haben wir immer Streit." Die Seelsorgerin ist verständlicherweise überrascht. Von X 1 her erwartet sie, ein Stück Erziehungsproblematik zu hören. Nun muß sie sich auf Eheproblematik umstellen. In ihrer Rückfrage „Wieso?" klingt die eigene Überraschung noch mit. Was nun folgt (X 4), ist eine große Verteidigungsrede für den Sohn. Alle seine Vorzüge werden aufgezählt. Sicher hofft die Anruferin, damit auch das Herz der Seelsorgerin für den Sohn, was aber noch wichtiger ist: für sich selbst zu gewinnen. Die Seelsorgerin gibt freimütig zu, daß dies ihrer Gesprächspartnerin auch gelungen sei.

Je untadeliger der Sohn ist, desto unverständlicher wird das Verhalten des Mannes von Frau X. Das zeigt, daß die Verteidigungsrede für den Sohn zugleich eine Anklage gegen den eigenen Mann ist. Sie schildert eine Szene, wo der Vater den eigenen Sohn aussperrt. Vertraulich nennt sie den Vornamen des Jungen. Sie selber hat ihren Mann nach einer halben Stunde so weit gebracht, daß er die Tür öffnete. „Das alles regt mich schrecklich auf."

Die Seelsorgerin gibt zu erkennen, daß sie das verstehen kann. Von der Aufregung selber geht die Anruferin dann zum „Sitz der Aufregung", zur Galle über. Sie hat eine Gallenoperation vor sich. „Was wird passieren, wenn die beiden Männer zusammen zu Hause sind?" Sie hat Angst! „Können Sie verstehen, daß das schwierig ist?" Freunde und Verwandte können das offensichtlich nicht verstehen, deshalb kann sie zu ihnen auch nicht darüber sprechen. Aber dieser Satz offenbart noch mehr, als daß sie sich Freunden und Verwandten gegenüber nicht aussprechen kann. Warum fragt sie die Seelsorgerin so eindringlich, ob sie das verstehen könne? Wir erinnern uns an X 1 und können vermuten, daß dies überhaupt die Motivation für ihren Anruf war: sie möchte das Verstehen der anonymen Frau am anderen Ende der Leitung, *weil sie sich selber verstehen möchte!* Sie versteht sich selber in ihren Reaktionen und in ihren Ängsten nicht gut. Warum hat sie solche Angst davor, daß „die beiden Männer zusammen zu Hause sind"?

Die Seelsorgerin hat wohl gespürt, daß es der Frau darum geht, sich einmal auszusprechen. Aber das Motiv, das dahinter steht, hat sie nicht verstanden. So fragt sie zurück: „Tut es Ihnen gut, endlich einmal mit jemanden darüber reden zu können?" Die Reaktion der Anruferin zeigt deutlich, daß es ihr um noch mehr geht: „Das hilft *ein wenig,* die Spannung zu vermindern. Mein Sohn hat auch mal die Telefonseelsorge angerufen, und das hat ihm *sehr* geholfen, und jetzt versuche ich es auch." Deutlich ist die Bitte zu spüren, es noch nicht dabei bewenden zu lassen, daß sie darüber redet! Und dann bietet sie weiteres Material an. Sie beschreibt jetzt ihr Verhältnis zu Hans — im Kontrast zu dem Verhältnis, das ihr Mann zu ihm hat. Zu ihr besteht ein enges Vertrauensverhältnis. Sie kann ihn jederzeit in seinem Zimmer aufsuchen, und dann können sie über Dinge miteinander reden, die in Gegenwart des Mannes nicht besprochen werden können. Wörtlich zitiert sie einen Wortwechsel zwischen sich und ihrem Mann. Sie wirft ihm Eifersucht vor, und er beklagt sich, daß sie mit ihrem Sohn ihm gegenüber zusammenhält. Unversehens kommt dann, eingeleitet durch ein „aber" eine Szene, die ganz und gar nicht in das bisher geschilderte Bild paßt: „Aber vor kurzem brachte er Hans mit dem Wagen zum Kursus, weil schlechtes Wetter war." Die Seelsorgerin berichtet, daß dies so geklungen habe, als sei die Frau davon verunsichert gewesen. Und in der Tat, die anschließende Frage wird erst aus einer bestimmten Unsicherheit heraus recht verständlich: „Das war doch nett von ihm?" Dann fragt sie die Seelsorgerin, wie sie es ihm beibringen solle, daß er nicht so autoritär sein soll.

Die Seelsorgerin fühlt sich gefordert. Jetzt muß sie antworten. Sie steht unter dem Druck, daß das Gespräch von der anderen Seite jederzeit abgebrochen werden kann! Vorsichtig, langsam, mit Pausen zwischen den Sätzen, versucht sie zu deuten („Ist es vielleicht möglich, daß Ihr Mann große Schwierigkeiten hat, Hans selbständig werden zu lassen?"), Verständnis zu vermitteln („Es ist ja auch nicht so einfach für Eltern...") und Rat zu geben („Versuchen Sie Ihrem Mann klar zu machen..."). Aber irgendwo ist ihr nicht ganz wohl dabei. Schon während sie spricht, hat sie das Gefühl, daß sie wenig Hilfreiches sagt.

Sie fühlt sich überfordert und verweist schließlich auf die Möglichkeit, eine fachkundige Beratungsstelle aufzusuchen.

Die Reaktion der Anruferin klingt resigniert, und dann zeigt der Vergleich des abschließenden Satzes: „Auf jeden Fall bin ich froh, daß ich das alles mal habe aussprechen können" mit der Reaktion der Frau auf S 6 („Tut es Ihnen gut, endlich einmal mit jemandem darüber reden zu können") in X 6: „Das hilft *ein wenig* ...", daß sie ihr Ziel nicht erreicht hat.

Die Frage, die offenbleibt, ist die, ob die Seelsorgerin Frau X in ihrer Problematik verstanden hat. Ganz im Anfang des Gesprächs vermutete sie eine Erziehungsproblematik. Dann wurde ihr eine Eheproblematik angeboten, auf die sie in S 7 einzugehen versucht, und zwar so, daß sie die Rolle der Verbündeten und Vertrauten der Frau einnimmt. Auch sie redet von dem Sohn mit seinem Vornamen. Und sie gibt ihr Ratschläge, wie sie ihrem Mann in *seinen* Schwierigkeiten helfen könne.

Ist es aber eine so ausgemachte Sache, daß die Frau die Telefonseelsorge wegen der Schwierigkeiten ihres Mannes anruft? Wovor hat die Frau im Zusammenhang mit ihrer bevorstehenden Gallenoperation Angst? Fürchtet sie, daß die beiden Männer sich gegenseitig die Köpfe einschlagen, wenn sie sich selber überlassen sind? Und warum zeigt sie Zeichen der Unsicherheit in dem Augenblick, als der Mann den Jungen in seinem Wagen zum Kursus fährt? Warum ist ihr der kurze Wortwechsel mit ihrem Mann so wichtig, daß sie ihn wörtlich zitiert?

Es könnte ja sein, daß alles dieses Zeichen dafür sind, daß Frau X sich mit einer ureignen Problematik plagt. Die Anzeichen und Signale, die

sie selber abgibt, sprechen dafür, daß *sie* es ist, die ihren Sohn nicht loslassen kann. Nur, daß ihr das in diesem Augenblick noch nicht bewußt
ist. Auffallend ist aber, daß in den Szenen X 4 und X 6 ihr Mann ihrem
Wunsch nach einem ausschließlichen Kontakt zu dem Sohn im Wege
steht. Von daher wird auch ihre Aggression gegen den Mann verständlich. Es ist also der *eigene* Konflikt, den die Anruferin zur Sprache bringen und damit verstehen will. Sie hat Angst, den Sohn zu verlieren.
Selbst an den eigenen Mann will sie ihn nicht verlieren. Daher ihre Unsicherheit, als der Mann ihn in seinem Wagen zum Kursus fährt. „Das
war doch nett von ihm?" Daher auch die Aufregung bei dem Gedanken,
daß sie während des bevorstehenden Krankenhausaufenthaltes die beiden Männer sich selbst überlassen muß. Wohin gehört sie nun? Zu ihrem
Mann oder zu ihrem Sohn? Dieser Konflikt regt sie maßlos auf. Vielleicht ist es nicht zufällig, daß sie sich einer Gallenoperation unterziehen
muß. Dem Beobachter (nicht der Frau!) ist es einsichtig, daß ein solcher
Konflikt auch mit dem Älter- und Altwerden zusammenhängt. Aber
auch das allererste Signal, das wir von der Anruferin zu hören bekommen, weist bereits in diese Richtung: „Kann ich es mit Ihnen besprechen, oder sind Sie noch sehr jung?"
Die Gruppe lernte an Hand dieses Gesprächs eine wichtige Regel, die
für Gespräche mit Ratsuchenden allgemein gilt: Daß der Seelsorger
möglichst bei seinem unmittelbaren Gesprächspartner und bei dessen
Erleben bleibt und sich nicht verleiten läßt, mit ihm über dritte Personen,
die in seinen Konflikt mit hineingezogen sind, zu sprechen. So oft sich
das auch anzubieten scheint — es läuft doch in der Regel auf eine Enttäuschung hinaus. Denn im Grunde möchte der Ratsuchende — wenn
auch über Umwege — *auf sich selbst* zu sprechen kommen. Und selbst,
wenn es objektiv stimmt, was er über Dritte sagt — einen Beitrag zur
Bewältigung des Konflikts kann nur er selber leisten. Und das ist ihm
nur möglich, wenn ihm sein Konflikt ein wenig durchsichtig wird, so
daß er sein Verhalten ändern kann.
Der Leser mag sich ausmalen, wie das Gespräch jeweils weiter verlaufen
wäre, hätte die Seelsorgerin die Signale der Anruferin, in denen sie auf
sich selber aufmerksam machen will, gehört und aufgenommen:

S 2: Ich bin beinahe sechzig. Haben Sie Sorge, ein Jüngerer könnte Ihr Problem
     nicht verstehen?
S 4: Ihr Sohn steht zwischen Ihnen und Ihrem Mann?
S 5: Es regt Sie auf, daß Sie für Ihren Sohn gegen Ihren Mann Stellung neh-
     men müssen?

S 6: Höre ich es richtig, daß Sie selber es nicht ganz verstehen können, warum das so schwierig ist?

S 7: Verstehe ich es richtig, daß Sie ein großes Bedürfnis haben, mit Ihrem Sohn zusammenzusein, und daß Sie das in einen Konflikt mit Ihrem Mann bringt?

Das Problem der Angst

Der Patient, mit dem das folgende Gespräch geführt wird, ist ein 33jähriger Mann, der nach einem Arbeitsunfall in das Krankenhaus eingeliefert worden ist und dort seit drei Wochen liegt. Der Pfarrer hatte ihn schon einmal besucht und von ihm erfahren, daß sein Ellenbogengelenk nach einer Operation in seiner Beweglichkeit erheblich eingeschränkt bleiben würde. Er mache sich darüber aber keine Sorgen: „Meine Firma sorgt schon für mich. Sie haben mir schon eine andere Stelle zugesagt."

Der zweite Besuch des Pfarrers findet an einem sonnigen Frühlingsnachmittag statt. In dem Mehrbettzimmer liegen u. a. auch zwei Gastarbeiter. Der Patient steht am Fenster. Der Seelsorger begrüßt ihn mit Handschlag:

S 1: Na, Herr X, Sie würden wohl gern draußen spazieren gehen. Die Sonne lockt ja tüchtig.

P 1: Ja, wär' besser, als hier in dem Stall zu vergammeln!

S 2: Nun wird's ja nicht mehr so lange dauern, dann können Sie wieder nach Hause!

P 2: Ich muß noch mal unters Messer. Der Arm muckert noch.

S 3: Nanu, das war doch vor einigen Tagen noch nicht!

P 3: Ach! — richtig war es seit der Operation noch nicht. Wer weiß, was sich da zusammenbraut! Der Arzt sagt, daß der Knochen nicht so recht will. Hoffentlich machen sie nicht noch mehr kaputt.

S 4: Sie hoffen, daß der Arm nicht noch mehr in Mitleidenschaft gezogen wird?

P 4: Daß er im Ellbogen steif bleibt, weiß ich. Hab ich mich ja auch abgefunden. Aber nun ist es doch genug! Vielleicht ganz steif oder ganz ab ... Wissen Sie, Herr Pastor, da fragt man sich ja nun wirklich, ob das der liebe Gott so will. Ich kann doch noch nicht den Invaliden spielen! Mann! Mit 33 Jahren vielleicht auf Rente ...! Nee, will ich nicht!

S 5: Sie sind in Sorge, nicht mehr arbeiten zu können?

P 5: Nicht mehr, ist zu viel gesagt. Aber rumhocken im Büro und Rechnungen zählen ... Nee, das ist nix! Da grault's mich schon jetzt!

S 6: Ihre Firma hat sicher für Sie auch einen Außenposten, bei dem Sie nicht immer drin sein müssen.

P 6: Ach, dann dauernd mit *einem* Arm so rumkrebsen! (Lauter, und einen Schritt auf den Pfarrer zutretend:) Na, dann sagen Sie doch mal, womit ich das verdient habe, mit 33 Jahren schon Invalide zu sein! Oder gucken Sie *den* an! (zeigt auf den einen Gastarbeiter) Dem haben sie das Bein abgenommen. Auch bei der Arbeit verunglückt. Der wollte sich doch bloß ein paar Kröten mehr verdienen als zu Hause. Hat Frau und Kinder zu Hause. Wer hat denn nun schuld?! Er, weil er nach Deutschland gekommen ist, oder weil er nicht aufgepaßt hat, oder ist das Schicksal?!

S 7: Eine Antwort kann ich Ihnen darauf auch nicht geben — aber ich verstehe sehr gut, daß Sie *so* fragen. (Der Gastarbeiter hat gemerkt, daß von ihm die Rede ist. Er lächelt P und S an.) Wenn *der* wüßte (deutet auf den Gastarbeiter), was wir beide für eine Frage haben, würde er auch nicht lächeln, sondern genauso fragen.

P 7: Ja, Fragen und keine Antworten! So ist das immer! Aber Sie verstehen, Herr Pastor — das mußte mal raus. Und Sie nehmen mir meine Offenheit doch nicht übel, nicht wahr?

S 8: Aber, wie werde ich denn! Ich frage doch genauso wie Sie. Das Einzige, was ich mir dann immer vor Augen halten kann, ist, daß Christus auch erfahren hat, was leiden und Schmerzen haben heißt, und deswegen auch Fragen hatte, Fragen an Gott.

P 8: (Nickt zustimmend mit dem Kopf, zieht aber gleich darauf die Schultern hoch und macht mit der gesunden Hand eine ambivalente Bewegung, indem er sie hin und her dreht. Er sagt nichts.)

S 9: Über Fragen kann man immer wieder nachdenken. Manchmal bekommt man *doch* eine Antwort! — Aber noch etwas anderes, Herr X: bis jetzt wissen wir doch noch gar nicht, wie das mit ihrem Arm wird. Was wird, ist doch noch ganz offen. Es kann doch auch eine *gute* Möglichkeit für den Arzt bei der zweiten Operation geben. — Das möchte ich Ihnen wünschen.

P 9: Ja, danke schön! Wollen wir's hoffen! War nett, daß Sie uns wieder besucht haben.

Der Seelsorger brachte dieses Gesprächsprotokoll in die Gruppe und sagte, daß er das Gespräch — vor allem aber den Ausgang des Gesprächs — als sehr unbefriedigend erlebt habe. Ihn ließe das Gefühl nicht los, daß der Kontakt gegen Ende des Gesprächs gestört gewesen sei, und daß auch der Patient enttäuscht reagiert habe. Er bat die Gruppe, ihm zu helfen, das Gespräch zu verstehen.

Sehen wir es uns daraufhin etwas näher an. Der Pfarrer trifft den Patienten, wie er am Fenster steht und in den Frühlingstag hinausblickt. Er spricht ihn daraufhin an: „Sie würden wohl gern draußen spazieren gehen. Die Sonne lockt ja tüchtig." Die Antwort des Patienten bringt deutlich eine „saure", aggressive Stimmung zum Ausdruck. Kurz und mürrisch kommt es heraus: „Ja, wär' besser, als hier in dem Stall zu vergammeln!" Der Unwille richtet sich gegen das Krankenhaus, „diesen Stall hier!". Der Pfarrer versucht mit dem Hinweis zu beschwichtigen, daß der Aufenthalt hier ja nicht mehr lange dauert. Darauf läßt der

Patient erkennen, daß die Ursache seiner schlechten Stimmung eine bevorstehende zweite Operation ist. Der Pfarrer ist überrascht. Bei seinem letzten Besuch schien doch alles so unkompliziert zu sein! In der Antwort darauf läßt der Patient (P 3) ein wenig mehr erkennen, worum er sich Sorgen macht: „Wer weiß, was sich da zusammenbraut! . . . Hoffentlich machen sie nicht noch mehr kaputt." Der Seelsorger geht darauf ein: „Sie hoffen, daß der Arm nicht noch mehr in Mitleidenschaft gezogen wird?" Daraufhin deckt der Patient noch mehr auf. Er zeigt deutlich, daß er Angst vor einer Amputation hat: „. . . Vielleicht ganz steif *oder ganz ab* . . ." Die folgenden Worte zeigen, wie diese Angst Aggressionen auslöst: „Wissen Sie, Herr Pastor, da fragt man sich ja nun wirklich, ob das der liebe Gott so will. Ich kann doch noch nicht den Invaliden spielen! Mann! . . ."

Der Pfarrer sagt darauf (S 5): „Sie sind in Sorge, nicht mehr arbeiten zu können?" Die Antwort des Patienten zeigt deutlich, daß er sich von dem Seelsorger nicht ganz verstanden fühlt: „Nicht mehr, ist zuviel gesagt. Aber . . ." In der Tat ging es ja in P 4 um mehr als nur um das Problem der Arbeitsfähigkeit oder -unfähigkeit. Es ging um Gefühle von Angst und Abwehr, die der Patient geäußert hatte. Das Problem des Arbeitsplatzes ist ein Teilproblem; aber das, was den Mann eigentlich bewegt, liegt noch tiefer und ist noch elementarer. Darauf ist der Seelsorger nicht eingegangen, er läßt es liegen und bleibt auch jetzt noch (S 6) bei der Frage des Arbeitsplatzes. Er möchte den Patienten beruhigen. Sein Problem ist doch zu lösen! Der Patient selber hatte ja beim ersten Besuch bereits etwas in dieser Richtung gesagt: „Ihre Firma hat sicher für Sie auch einen Außenposten, bei dem Sie nicht immer drin sein müssen." Jetzt nimmt das Gespräch einen dramatischen Verlauf. Der Patient (P 6) lehnt dieses Lösungsangebot des Pfarrers ab: „Ach, dann dauernd mit *einem* Arm so rumkrebsen!" Und dann wird er gegen den Pfarrer aggressiv. Er macht einen Schritt auf ihn zu und wird laut: „Na, dann sagen Sie doch mal, womit ich das verdient habe . . ." Der Hinweis auf den beinamputierten Gastarbeiter („Oder gucken Sie *den* an!") zeigt, daß er sich selber schon so — amputiert — daliegen sieht. So sitzt ihm die Angst im Nacken!

Es lohnt, an dieser Stelle einen Augenblick einzuhalten und zu fragen, was sich in dem Gespräch ereignet hat. Der Pfarrer trifft auf einen Mann, der schon in seinem ersten Satz erkennen läßt, daß er aggressiv ist, und dann sehr schnell die darunterliegende Angst zum Ausdruck bringt. Es ist die Angst vor der Operation, die Angst, als Amputierter wieder aufzuwachen. Nüchtern betrachtet besteht kein Anlaß zu der

Befürchtung, amputiert zu werden. Jedoch ist der Patient in diesem Augenblick zu einer nüchternen Betrachtung seiner Situation nicht in der Lage. Er hat Angst, fühlt sich eingeengt und bedroht.

Wir sahen, daß der Pfarrer diese Angst nicht aufnimmt. Er hört gleichsam daran vorbei. In der Analyse des Gesprächs geht ihm auch auf, warum er diese Angst „überhört". Sie bringt ihn selber in die Verlegenheit, denn was soll er darauf sagen? Er fühlt gegenüber dieser Angst seine eigene Machtlosigkeit. Es ist leichter für ihn, das Problem des Arbeitsplatzes anzugehen. Das kann man in den „Griff bekommen", das läßt sich organisatorisch lösen. „Ihre Firma hat sicher für Sie einen Außenposten." Der Verlauf des Gesprächs zeigt, was dies für eine Wirkung auf den Patienten hat: er wird noch aggressiver! Die Aggression richtet sich nunmehr gegen den Pfarrer: „Na, dann sagen Sie doch mal . . ." Offenbar hat das (der eigentlichen Angst ausweichende) Verhalten des Pfarrers seine Angst nur noch vergrößert. Wir stoßen hier auf das Phänomen der nicht-verbalen Kommunikation der Angst. Die Angst des Patienten löst Angstgefühle beim Pfarrer aus. *Diesen* (also seinen eigenen!) Angstgefühlen weicht er aus: „Ihre Firma hat sicher (!) für Sie einen Außenposten." Dies (dem Pfarrer in diesem Augenblick nicht bewußte) Ausweichmanöver aber nimmt der Patient wahr: er spürt (wiederum ohne sich dessen rational Rechenschaft abzulegen) die Angstgefühle seines Gesprächspartners, was seine eigene Angst verstärkt.

Die aggressive Haltung des Patienten bringt den Pfarrer in die Versuchung, seinerseits aggressiv zu reagieren. In der Gesprächsanalyse erzählt er, daß er sich in diesem Augenblick sehr in die eigene Kontrolle nehmen mußte. So kann er ruhig antworten: „Eine Antwort kann ich Ihnen darauf auch nicht geben — aber ich verstehe sehr gut, daß Sie so fragen . . ." Auffallend ist, daß der Patient seine Aggression sogleich zurücknimmt (man kann sich leicht vorstellen, was geschehen wäre, wenn der Pfarrer in Harnisch gegangen wäre: es wäre zu einer Eskalation gekommen!). „Ja, Fragen und keine Antworten! So ist das immer!" Darin schwingt noch Aggressivität mit, jedoch nimmt es der Patient dem Pfarrer auffälligerweise ab, daß dieser keine Antwort auf seine Fragen hat: „Aber — Sie verstehen, Herr Pastor — das mußte mal raus. Und Sie nehmen mir meine Offenheit doch auch nicht übel, nicht wahr?" Hier wird deutlich, daß die Aggression sich gar nicht gegen den Pfarrer gerichtet hat; der Patient entschuldigt sich, daß es vielleicht so geklungen hat. Entscheidend für ihn ist: „das" mußte mal raus! Und der Pfarrer hat ihm die Gelegenheit gegeben, „es" herauszulassen, es zu „äußern". Für den Patienten bedeutet das eine Entlastung, eine Hilfe. Und er ist dem Pfarrer dankbar dafür. Eine Antwort des Pfarrers in S 7, etwa in Richtung der Lösung des Theodizeeproblems, hätte „es" nicht herausgelassen, hätte der Aggression des Patienten keinen Raum gegeben, sondern sie zugedeckt. Dies hätte die Angst des Patienten verstärkt, wie wir es in S 6 — P 6 beobachtet haben.

Verfolgen wir nun noch den Schluß des Gesprächs. Der Seelsorger weist es weit zurück, daß er dem Patienten seine Aggression hätte übelnehmen können (ein Zeichen dafür, wie er sich an dieser Stelle hat beherrschen müssen): „aber wie werde ich denn! Ich frage doch genauso wie Sie." Er versucht, sich mit dem Fragenden solidarisch zu erklären. Und dann gibt er *doch* eine Antwort, eine Antwort, die *ihm selber* viel bedeutet: „Das einzige, was ich mir dann immer vor Augen halten kann, ist, daß Christus auch erfahren hat, was leiden und Schmerzen haben heißt, und deswegen auch Fragen hatte, Fragen an Gott." Es ist deutlich, was der Seelsorger beabsichtigt: er möchte, daß auch der Patient sich dies immer vor Augen hält, und daß er seine Fragen an Gott richtet. Der Patient antwortet nicht. Er zeigt aber durch sein Achselzucken und durch seine Handbewegung, daß ihm dies nicht möglich ist. Der Pfarrer spürt deutlich, daß sein Angebot nicht angenommen wurde. Aber so schnell gibt er sich doch nicht geschlagen; er versucht, sein Angebot noch etwas schmackhaft zu machen: „Über Fragen kann man immer wieder nachdenken. Manchmal bekommt man *doch* eine Antwort." Aber während er das sagt, spürt er selber, daß er dem Patienten im Augenblick nicht helfen kann. Deswegen schaltet er zum Schluß um. Er weist auf die Realitäten hin (und zeigt damit indirekt dem Patienten, wie „irreal" seine Ängste sind): „Aber noch etwas anderes, Herr X: bis jetzt wissen wir doch noch gar nicht, wie das mit Ihrem Arm wird. Was wird, ist doch noch ganz offen. Es kann doch auch eine *gute* Möglichkeit für den Arzt bei der 2. Operation geben." Und dann verabschiedet er sich: „Das möchte ich Ihnen wünschen."

Die Antwort des Patienten klingt wenig hoffnungsvoll. Der Ton erinnert an den Anfang: ein wenig mürrisch, unzufrieden: „Ja, danke schön! Wollen wir's hoffen! War nett, daß Sie uns wieder besucht haben."

Was ist in diesem letzten Abschnitt des Gesprächs geschehen? Der Pfarrer macht dem Patienten zwei Angebote, um seine Angst zu beschwichtigen: das Angebot des Glaubens und (als dies nicht abgenommen wird) das Angebot der „Realität". Aber auch der Hinweis auf die Realität bzw. auf die Irrealität seiner Ängste ist für den Patienten nicht akzeptabel.

Die für den Seelsorger bedrängende und entscheidende Frage ist, warum der Hinweis auf den Glauben, auf das Kreuz Christi den Patienten nicht erreicht hat. Gehört er zu den Verstockten? Zu den Randsiedlern, die dem Glauben und der Kirche den Rücken gekehrt haben? Sind hier Hopfen und Malz der Kirche verloren? Man könnte dies bejahen und es sich damit sehr einfach machen. Es ist halt die Sache des anderen, wenn er das Evangelium nicht akzeptiert. Aber ehe der Seelsorger sich so aus der Affäre zieht, sollte er auch sich selber, seine eigene Haltung, seinen Gesprächsbeitrag prüfen: es könnte ja sein, daß er selber nicht ganz unbeteiligt an der Blockierung ist, die dem Evangelium den Weg zu seinem Gesprächspartner verstellt.

Zwei Beobachtungen müssen jedenfalls nachdenklich stimmen: einmal zeigt P 7, daß durchaus eine Vertrauensbasis zwischen dem Pfarrer und dem Patienten hergestellt ist. Keinesfalls ist es so, daß sich der Patient von vornherein und grundsätzlich ablehnend gegenüber dem Pfarrer verhält. Vielmehr ist die Voraussetzung dafür gegeben, daß der Patient das, was der Pfarrer ihm zu sagen hat, hört und annimmt. Und die zweite Beobachtung: auch der so plausible Hinweis auf die Realität in S 9 erleidet das gleiche Schicksal wie der Hinweis auf Christus. Das bedeutet, daß der Patient sich in beiden Angeboten nicht verstanden und nicht erreicht gefühlt hat. Fragen wir daraufhin zurück: hat der Pfarrer den Patienten verstanden, hat er in S 8 auf die *Frage* des Patienten geantwortet, auf das, was „mal raus mußte"?

Die Antwort des Seelsorgers in S 8 ist eine Antwort auf das Theodizeeproblem. Nun wird zwar in P 4 und P 6 die Frage, „ob das der liebe Gott so will" und die Frage nach Schuld und Schicksal gestellt, aber wir sahen, daß diese Fragen eine bestimmte Dynamik haben. Sie sind aggressiv, sie sind Vehikel einer Angst, von der der Patient umgetrieben wird. Diese Angst will gehört werden, sie „muß einmal heraus". Das ist das Primäre, und nicht die Beantwortung der Frage nach der Theodizee. Solange die Angst sich nicht hat äußern können, wirken die Gesprächsbeiträge S 8 und erst recht natürlich S 9 auf den Patienten als zudeckend, beschwichtigend. Er fühlt sich nicht verstanden und kann *deshalb* auch das, was der Pfarrer ihm sagen will, nicht verstehen. Der Pfarrer hat also zwar die Worte des Patienten gehört. Diese Worte waren herausfordernd genug. Er fühlte sich genötigt zu antworten. Offenbar aber hat er die Gefühle des Patienten nicht genügend berücksichtigt. In seinen *Gefühlen* blieb der Patient unverstanden, und deshalb konnte er auch nicht verstehen. Die Worte des Pfarrers gingen an ihm vorbei, sie redeten ihn nicht an als den, der er in diesem Augenblick war: der von Angst

Umgetriebene. Der Seelsorger fragt in diesem Augenblick eben *nicht* so wie der Patient. Das ist sein Irrtum in diesem Gespräch gewesen.

Ein Rollenspiel, das an dieser Stelle angesetzt wurde, hat die Problematik des Gesprächs noch ein Stück weiter erhellt. In derartigen Rollenspielen übernimmt der Seelsorger, der das Gespräch vorgelegt hat, die Rolle des Patienten, während ein anderer versucht, das Gespräch weiterzuführen. Die Aufgabe für das Rollenspiel lautete, in dem Gespräch eine vorschnelle, inadäquate Antwort zu vermeiden. Wir setzen bei P 7 ein:

P 7: Ja, Fragen und keine Antwort! So ist das immer! Aber Sie verstehen, Herr Pastor — das mußte mal raus. Und Sie nehmen mir meine Offenheit doch auch nicht übel, nicht wahr?
S 8: Aber, wie werde ich denn! Ich frage doch genauso wie Sie.
P 8: Genauso wie ich?
S 9: Ja.
P 9: Was haben *Sie* denn für Kummer?
S 10: Ich habe auch schon einiges durchgemacht, aber ich weiß nicht, ob es uns weiterhilft, wenn wir jetzt auf meine Probleme kommen.
P 10: Na ja, aber ... ich hätte ja ganz gern gewußt, wie Sie aus Ihren Problemen rausgekommen sind. Vielleicht hilft mir das auch. (Lange Pause.)
S 11: Sie möchten also gerne eine Antwort haben ...
P 11: Ja, das möchte ich, aber eine, mit der man was anfangen kann. Ich hab oft gefragt ... (verstummt).

Dieser Pfarrer versucht also, das Gespräch fortzusetzen, indem er den Hinweis auf den Glauben einfach fortläßt (S 8). Dadurch gibt er dem Patienten Gelegenheit, auf seinen Versuch zu reagieren, sich mit dem Patienten zu identifizieren. Der fragt erstaunt und etwas ungläubig: „Genau so wie ich?" Und als der Pfarrer das bejaht, fragt er zurück, was er denn für einen Kummer habe. Das zeigt deutlich, daß er diesen Versuch, sich mit ihm auf eine Ebene zu stellen (der ja ein rhetorischer Versuch ist!) zurückweist. Vielmehr fragt er jetzt nach dem Kummer des *Pfarrers*, der sofort merkt, daß hier eine Weiche falsch gestellt ist, und sich ihm entzieht. Das Gespräch versandet folgerichtig.

Ein weiteres Rollenspiel zeigte den entgegengesetzten Irrweg auf. Hier versucht der Pfarrer, die Weiche schon etwas früher richtigzustellen. Wir setzen bei P 6 ein:

P 6: ... Wer hat denn nun Schuld?! Er, weil er nach Deutschland gekommen ist, oder weil er nicht aufgepaßt hat, oder ist das Schicksal?
S 7: Sehen Sie, Sie schauen Ihre Dinge von *Ihrer* Warte aus an. Man kann hier nicht einfach von Schuld sprechen. Es ist doch so, daß wir alle unter dem

gleichen Stern stehen in dieser Welt. Wir müßten erkennen, daß wir vor
Gott nicht rechten dürfen.
P 7: Haben Sie auch einen kaputten Ellenbogen?!

Im Gegensatz zu dem Pfarrer im ersten Rollenspiel, der sich mit dem
Patienten zu identifizieren suchte („Ich frage doch genauso wie Sie!"),
geht dieser Pfarrer den Weg der Distanzierung. Er macht ihm deutlich,
daß er eine andere Warte hat als der Patient und versucht mit erhobenem
Zeigefinger („Sehen Sie"), den Patienten auf seine eigene Warte zu ziehen („Wir müßten erkennen = Sie müssen [!] erkennen ..."). Der Patient macht dem Pfarrer durch seine aggressive Rückfrage deutlich, daß
sie geschiedene Leute sind, und daß es keine Brücke zwischen seiner
Warte und der des Pfarrers gibt. In der Analyse dieses Gesprächsab-
schnitts gab der betreffende Pfarrer übrigens einen wichtigen Hinweis
auf den Hintergrund seiner (autoritären) Haltung: „Ich wollte meine
Unsicherheit überdecken."

In einem dritten Rollenspiel sagt der Seelsorger nach
P 7: Ja, Fragen und keine Antworten! So ist das immer. Aber Sie verstehen,
Herr Pastor — das mußte mal raus. Und Sie nehmen mir meine Offenheit
doch auch nicht übel, nicht wahr?
S 8: Nein. Ich kann das verstehen, daß sich alles in Ihnen auflehnt ...
P 8: (spontan) Ja, genau das ist mein Problem!

Hier fühlt sich der Patient verstanden. Der Pfarrer hat sein Problem
genau getroffen. Er hat sich weder mit ihm identifiziert (aus Angst, er
könnte ihn verlieren), noch hat er sich von ihm distanziert (aus Angst,
die Problematik könnte ihm zu nahe auf den Leib rücken), sondern er
hat die Mitte der Solidarität getroffen. Jetzt ist die Bahn für beide frei,
über die irrationalen Ängste des Patienten zu sprechen (die sind in dem
bisherigen Gespräch ja erst verhüllt und nur andeutungsweise zur Sprache gekommen), jetzt kann Vertrauen wachsen, jetzt kann auch seitens
des Pfarrers etwas Hilfreiches gesagt werden, ohne daß es blockierend
(weil die Angst zudeckend) wirkt. Der Patient fühlt sich — auch in
seinen ihm selber nicht verständlichen Ängsten und in seiner aggressiven
Auflehnung — angenommen. Das ist die Voraussetzung dafür, daß er
seine Ängste verarbeiten kann. Er braucht nicht mehr aggressiv zu sein.
Zugleich ist ein entscheidendes Hindernis für das Verständnis des Evangeliums beiseitegeschafft. Evangelium kann jetzt nicht mehr in dem Sinne
mißverstanden werden, daß man etwas leisten (etwa durch die Anerken-
nung einer bestimmten Warte) beziehungsweise daß man etwas unterdrücken (Ängste und Aggressionen) muß. Es kann sogar sein, daß die Er-

fahrung des Raumes, in dem man sich angenommen fühlt, bereits etwas
mit der Erfahrung des Evangeliums zu tun hat.

Luther hat einmal Psalm 118, 5 mit den Worten übersetzt: „Ich rief den
Herrn an in der Angst, und der Herr erhörte mich in weitem Raum." In
der Auslegung dazu heißt es: „Angst meint im Hebräischen das Enge,
wie auch im Deutschen m. E. das Wort Angst von der Enge kommt, in
der einem bang und weh wird und man gleichsam geklemmt, gedrückt
und gepreßt wird, wie denn die Anfechtungen und das Unglück tun
nach dem Sprichwort: da ward mir die weite Welt zu eng! Der Gegensatz dazu lautet im Hebräischen, wie er auch hier sagt: in weitem Raum.
Gleichwie Enge oder Angst Trübsal und Not heißt, so heißt weiter
Raum Trost und Hilfe... Denn wie die Not unser enger Raum ist, der
uns betrübt und klemmt, so ist die Hilfe Gottes unser weiter Raum, der
uns frei und fröhlich macht."[1]

So hängt das Annehmen des geängstigten Menschen (und sei seine Angst
noch so irreal!) und das seiner Angst Raumgeben bereits mit dem Trost
Gottes zusammen. In diesem Raum wird auch das *ausgesprochene* Wort
Gottes und der Hinweis auf das Kreuz Christi nicht ungehört verhallen.
Diese Gesprächsanalyse lehrt uns, auf einige Dinge, die sich in derartigen
Gesprächen oft wiederholen, zu achten. Etwa darauf, daß die Frage:
„Wie kann Gott das zulassen?", „Womit habe ich das verdient?" eine
aggressive Frage ist, die Ängste signalisiert. Und darauf, daß *jede* Antwort, die gegeben wird, ehe das, „was einmal heraus muß", auch wirk-
lich ausgesprochen wird, den Raum für den Patienten einschränkt und
deshalb die Angst vergrößert und die Aggression verstärkt.

Sie lehrt, auf die eigenen Gefühle während eines solchen Gesprächs zu
achten und zu sehen, wie eigene Unsicherheit es nicht zuläßt, daß der
andere *seine* Unsicherheit äußert. Und sie läßt schließlich ahnen, daß in
einem tiefen Sinn (im Sinn des 118. Psalms) aggressive Auflehnung ein
Den-Herrn-in-seiner-Angst-Anrufen ist, und daß Erhörung in eben je-
nem weiten Raum geschieht, der in einem seelsorgerlichen Gespräch geboten werden kann.

---

[1] D. Martin Luthers Psalmen-Auslegung, hrsg. v. E. Mülhaupt, III, Göttingen 1965,
S. 355.

Folgerungen

In fast allen vorgelegten Gesprächsprotokollen haben uns unsere Gesprächspartner darauf aufmerksam gemacht, wie schlecht es um unser Zuhören bestellt ist. Dies ist eine Erfahrung, die in allen Kursen klinischer Seelsorgeausbildung ohne Ausnahme gemacht wird. Hörstörungen treten dann auf, wenn unser eigenes Ordnungs- und Wertsystem durch einen Gesprächspartner in Frage gestellt wird. Der Austritt eines Gemeindegliedes aus der Kirche, der Widerstand eines Vaters gegen die Taufe seines Kindes sind solche Infragestellungen für den Gemeindepfarrer. Sie ziehen Werte in Zweifel, für deren Aufrechterhaltung und Pflege er da ist. So muß ihm daran gelegen sein, seine Ordnungen und Werte zu verteidigen und sie seinem Gesprächspartner nahezulegen. Mit diesem Programm geht er in das Gespräch. Damit fixiert er zugleich seinen Gesprächspartner — und hört an ihm vorbei. Ebenso paßt der Häftling, der sich nicht zu seiner Schuld bekennt, nicht in das sittliche und moralische Wertsystem des Gefängnisgeistlichen. In unserem Beispiel wird deutlich, wie dieser Seelsorger in seinem Vorurteil gefangen ist. Er fixiert den Häftling: es *steht* für ihn *fest*, daß er sich drücken will. So nimmt er nicht wahr, was dieser ihm in dem Gespräch erzählt. Vorurteil und Programm gehören zusammen. Auch die Besucherin, die dem alten Ehepaar ihren Geburtstagsglückwunsch bringen will, hat ein Vorurteil: Geburtstagskinder sind fröhlich und dankbar. Sollte es einmal nicht so sein, dann besteht die Aufgabe des Besuchers darin, die Niedergedrückten aufzuheitern. Für eine deprimierte Stimmung ist dort kein Platz. Die *will* sie *nicht hören*.

Es scheint eine der größten Schwierigkeiten für uns zu sein, zu akzeptieren, wenn der andere *anders* ist als wir selbst und als wir es von ihm erwarten. Unser Selbstbewußtsein wird dadurch gestört. Der Ärger des Mannes in dem Gleichnis vom verlorenen Sohn über seinen jüngeren Bruder, der nicht so ist wie er selbst und ganz gewiß auch nicht den Wünschen und Vorstellungen des Vaters entsprach (mit dem er sich irrigerweise identifizierte), hat sich offenbar tief in uns festgesetzt und hindert uns daran, diesem anderen zuzuhören. In der Regel ist uns die Ursache unseres Ärgers und unserer aggressiven Abwehr im Augenblick des Gesprächs gar nicht bewußt. So ging es dem Gefängnisgeistlichen.

Noch tiefer sind die Wurzeln der Aggression bei jener Pfarrfrau verborgen. Sie müssen bewußt werden, wenn wir wieder zuhören können wollen.

Berührt ein Gesprächspartner unversehens einen wunden Punkt in uns selbst, ein eigenes Stück Problematik, dann ist's ebenfalls um unser Zuhören geschehen. Das beobachten wir etwa bei dem Trauerbesuch in dem Augenblick, als die Frau dem Pfarrer sagt: „Auferstehung — das verstehe ich nicht." Wir sind dann genötigt, zunächst einmal das eigene Problem ein Stück weit zu bewältigen. Das heißt, daß wir in dem Augenblick mehr mit uns selbst als mit dem Gesprächspartner beschäftigt sind. Auch das ist uns in der Regel während des Gesprächs nicht bewußt.

In engem Zusammenhang damit steht die Abwehr negativer Gefühle wie Angst, Zweifel, Sorge, Hilflosigkeit und Resignation. Wie ein auf dem Klavier angeschlagener Akkord entsprechende Töne in einem anderen, in der Nähe befindlichen Instrument zum Schwingen bringt, so lösen Gefühle, die mehr oder weniger deutlich geäußert unser Ohr erreichen, entsprechende Gefühle in uns selber aus. Und *damit* sind wir dann in der Regel (vor allem, wenn wir uns unserer eigenen Emotionen nicht bewußt genug sind) beschäftigt. Wir vermeinen, die Angst eines anderen zu beschwichtigen — in Wirklichkeit versuchen wir, *eigene* Angstgefühle zu unterdrücken. Auch hier wird unser Zuhören empfindlich gestört. Es wird geradezu blockiert: wir wehren um des eigenen seelischen Gleichgewichts willen das, was uns unser Gesprächspartner mitteilen will, ab. Wir gehen in der Regel mit anderen so um, wie wir mit uns selber umzugehen pflegen. Wir hören, was wir gern hören *möchten*. Die Heimleiterin wollte Positives hören. Offenbar hatte sie das zur Stützung des eigenen inneren Gleichgewichts nötig. Auch die Besucherin, die dem alten Ehepaar ihre Glückwünsche überbringt, setzt alles daran, die Niedergeschlagenheit der Alten zu beseitigen und ihnen ein Schmunzeln zu entlocken. Als dies gelingt, ist *sie* zufrieden.

Ein anderer Weg, Ratlosigkeit und Sorge zum Schweigen zu bringen, ist das Angebot konkreter Hilfe, die wir selber organisieren können und wollen. Hat der andere an unserem Angebot kein Interesse, nimmt er es nicht wahr oder lehnt es von vornherein ab, dann ist dies ein sicheres Zeichen dafür, daß das Angebot *um unsertwillen* geschah: wir können unsere eigene Ratlosigkeit angesichts der Ratlosigkeit des Gesprächspartners nicht ertragen. Wir sind nicht bereit, seiner emotionalen Problematik bei uns Raum zu geben. Wir können nicht zuhören. Seine Zurückweisung unseres gutgemeinten Hilfsangebots bedeutet dann, daß er sein eigentliches Anliegen nicht unterdrücken lassen will. Wir werden auf diese

Weise darauf aufmerksam, daß wir sehr viel mehr hören, als wir zu hören vermeinen. Wir hören sehr viel mehr als nur Worte, und in uns selber hört sehr viel mehr als nur unser Ohr. Auch unser „Herz" hört, oder unsere „Nieren", was wir dann spüren, wenn uns etwas „an die Nieren geht".

Zugleich entdecken wir, daß unsere Sprache „mehrdimensional" ist. Wir sind in der Regel nur darauf eingeübt, mit unserer Sprache im Bereich des Meß- und Organisierbaren, des Berechen- und Machbaren, des Technischen und Faktischen umzugehen. Unser Verstehen ist auf diesen Bereich eingeengt. Sobald wir aber die Dimension des Unberechenbaren berühren, sobald etwa Ängste und Hoffnungen zur Sprache kommen wollen, geraten wir in Verlegenheit. Wir verstehen die Symbole von Angst und Hoffnung nicht. Wir mißverstehen sie, indem wir sie nur auf der rationalen Ebene hören. Die Angst vor der Geldentwertung ist nur allzuoft Ausdruck unmittelbarer Existenzbedrohung. Die Erwartung eines Spaziergangs, „ganz weit, nächste Woche oder bald", ist die Ahnung des bevorstehenden Todes. Die Planung einer Reise „nach Spanien — nach Teneriffa" ist die Hoffnung, der bedrückenden und erdrückenden Enge der Angst entrinnen zu können. Orte wie Zahlen können zum Symbol werden, ein verlorenes Halmaspiel oder ein Wellensittich, der nicht spricht. Worte und Sätze werden transparent: der Bereich des Nichtfaßbaren, des Irrationalen schimmert hindurch. An dieser Stelle müssen wir von vorn anfangen, hören und verstehen zu lernen, vor allem dann, wenn wir uns auch theologisch in einer festumrissenen, dogmatisch exakten und rationalen Sprache eingerichtet haben.

Wenn Rudolf Bohren kürzlich als die Aufgabe der Predigt bezeichnet hat, im Hörer die „Anlage zum Dichter" zu erwecken, ihn aus seiner Sprach- und Gedankenlosigkeit zu kreativer Phantasie zu befreien[1], dann gilt dies für den Bereich der Seelsorge auch umgekehrt: wir müssen in unserem Gesprächspartner seine „Anlage zum Dichter" ent-decken, seine kreative Phantasie, mit der er Angst und Hoffnung, Gewißheit und Zweifel zum Ausdruck bringt.

Verstehen befreit aus der Sprachlosigkeit. Mißverstehen läßt verstummen. Das läßt sich an jedem Gesprächsprotokoll nachweisen. Dabei hat Verstehen weniger mit Verstand zu tun als mit Annehmen, mit Nähe, mit Raumgeben und mit Liebe. Verstehen ist kreativ und befreit zur Kreativität. Es hat etwas zu tun mit dem Creator Spiritus. Verstehendes Zuhören ist transparent, es weist über sich hinaus auf Den, der den Men-

[1] Rudolf Bohren, Nur Poesie kann für die Liebe sprechen, in: Ev. Kommentare 1972, S. 649 ff.

schen vorbehaltlos annimmt, der ihm nahe ist und ihn liebt. So ist es kein
Wunder — oder vielmehr: es *ist* ein Wunder des Heiligen Geistes, wenn
wir dort, wo uns derartiges Verstehen entgegenkommt, uns unsrer Ge-
schöpflichkeit wieder freuen können (wie es im Gespräch mit jener Frau
geschah, die einen Besuch zweimal ablehnte), und wenn unsere Klage zum
Psalm wird, wie bei den Sterbenden.

Dies verstehende Zuhören ist gemeint, wenn Hiob seinen Freunden ihre
seelsorgerliche Aufgabe zuweist: „Höret doch meiner Rede zu und laßt
mir das eure Tröstung sein!" (Hiob 21, 2).